北京联合大学学术著作出版基金资助

北京文化休闲娱乐区发展策略研究
理论与实践

■ 郭红 著

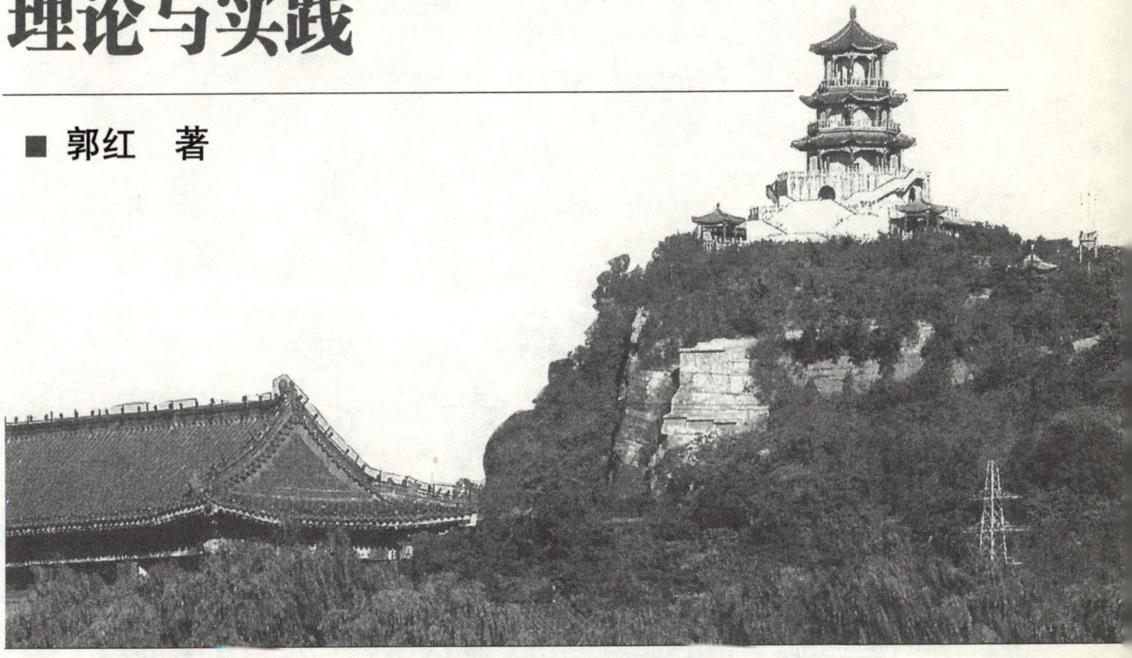

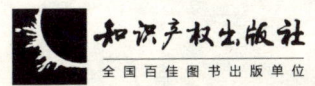

知识产权出版社

全国百佳图书出版单位

图书在版编目（CIP）数据

北京文化休闲娱乐区发展策略研究：理论与实践/郭红著. —北京：知识产权出版社，2014.7

ISBN 978 - 7 - 5130 - 2108 - 1

Ⅰ.①北… Ⅱ.①郭… Ⅲ.①城市发展战略—研究—北京市 Ⅳ.①F299.271

中国版本图书馆 CIP 数据核字（2013）第 136324 号

内容提要

本书从较为全面和综合的视角反映了目前北京文化休闲娱乐区的发展现状、所面临的机遇和存在的问题等，并借鉴国内外先进的理念，提供了文化休闲娱乐区的发展战略思路。作者整理和搜集了大量的关于北京文化休闲娱乐区的动态信息；同时通过实地调查研究，对北京文化休闲娱乐区的发展战略及未来发展预期提出了一些独特的见解。本书的出版不仅为北京市建设首都文化休闲娱乐区提出了有益的建议和参考，对全国各城市的休闲娱乐区的发展规划也有一定的示范作用。

责任编辑：刘雅溪　　　　　　责任出版：孙婷婷

责任校对：谷　洋

北京文化休闲娱乐区发展策略研究：理论与实践

BEIJING WENHUA XIUXIAN YULEQU FAZHAN CELÜE YANJIU LILUN YU SHIJIAN

郭　红　著

出版发行	知识产权出版社有限责任公司	网　　址	http：//www.ipph.cn
社　　址	北京市海淀区马甸南村 1 号	邮　　编	100088
责编电话	010 - 82000860 转 8324	责编邮箱	caihong@cnipr.com
发行电话	010 - 82000860 转 8101/8102	发行传真	010 - 82000893/82005070/82000270
印　　刷	北京中献拓方科技发展有限公司	经　　销	各大网上书店、新华书店及相关专业书店
开　　本	787mm×1092mm　1/16	印　　张	11.25
版　　次	2014 年 7 月第 1 版	印　　次	2014 年 7 月第 1 次印刷
字　　数	170 千字	定　　价	36.00 元

ISBN 978-7-5130-2108-1

目　录

第1章 绪 论

1.1 研究背景和研究意义

城市是人类社会发展到一定阶段的产物。随着人类社会的不断发展和城市化水平的不断提高，城市越来越成为人类最重要的活动中心。城市负载了政治、经济、交通、金融、信息、服务、文化、教育等众多功能，成为人们进一步发展所依赖的重要空间活动场所。随着经济活动的发展和新技术在全球范围内的推广，人类开始慢慢进入休闲时代，城市以越来越多样化的功能显示出其区域核心的地位。城市在区域经济和国家经济上的战略意义日益突出。

许多国家把城市发展作为增强国家竞争优势的重要战略。城市不仅担当着区域经济、文化、政治、商务中心，有一些还成为休闲娱乐中心。城市的这一功能并非诞生即有。由于社会的不断发展，新技术改变了人类的生活和工作模式，人们生活水平不断提高，工作强度不断减轻，闲暇的时间不断增加，人们开始觉醒，要求更多地享受生活，投入休闲娱乐活动之中。城市成为休闲娱乐的载体，这是因为：基本上所有的发达国家（以及许多发展中国家）的大部分人口均居住在城市中；许多常规娱乐消遣活动的地域化本质，决定了大部分人都只能在他们所居住的城市环境中度过；

占据人们大量休闲时间的较流行的娱乐活动，不是在人们所居住的区域就是在一些特定的休闲场所（如休闲中心、商业性消遣娱乐场合、酒吧、餐厅、商店、影院等文化设施）中度过，而这些地方大多自然集中在城市里。为了迎合人们日益增长的消费需求，城市中开始形成了一种新的功能区——城市休闲娱乐区。许多国家把开发与建设休闲娱乐区作为吸引资本、调整经济结构、提高城市和区域经济竞争优势的一项重要的产业政策。

城市休闲娱乐区在我国一些城市中初具雏形。2004 年是我国进入人均 GDP 超过 1000 美元新的发展阶段的第一年。从国外的经验看，人均 GDP 超过 1000 美元，社会消费结构将向发展型、享受型升级；服务业层次的提升及总量的增加，也将迎来一个加速发展的转折点。据调查，中国城市居民多偏爱选择在居住地以及距居住地较近距离的地方来进行休闲活动。伴随着经济的高速发展，城市化进程不断加速，人民生活水平也不断提高。生活在城市中的人群，生活节奏变快，各种压力随之增加。为了提高生活品质，缓解精神压力，人们对休闲活动的渴望和需求日益多样化、迫切化、复杂化，对休闲方式的要求也越来越高；城市的传统公园、广场等场所已不能满足人们日益增长的需求，所以集文化、购物、娱乐、游览、休闲等功能于一体的文化休闲娱乐区呼之欲出。

文化休闲娱乐区的概念最早见于 2002 年 9 月广州市荔枝湾区旅游局提交的《荔枝湾区旅游发展规划纲要（讨论稿规划纲要）》，荔枝湾区被定位为广州市的"中央游憩区"（Central Recreation District）❶。荔枝湾区成为了众多广州市民和国内外游客云集的旅游、休闲区域，而全区将继续突出发展商贸旅游业，使之成为区内的支柱性产业。同样，2003 年北京市西城区旅游局把什刹海定位为"中央游憩区"。同年，国家旅游局前副司长魏

---

❶ 资料来源：http://www.Lizhiwan.com.

小安将中央游憩区的建设作为城市旅游发展的两大重点之一，他提出"中央游憩区，国外也叫商业游憩区，就是每一个城市应该有自己最具吸引力的一片街区，这个地方不是旅游景区景点，而是最全面体现和展示城市的生活、城市的文化的场所，这也是构建功能化城市的内容"❶。这些提法虽然和本书研究的城市 CRD 的含义不尽相同，但其实质内容接近，本书所研究的城市 CRD 的内涵和外延都涵盖了以上的概念，并比之还要丰富和完整。

本书通过对城市休闲娱乐区的概念定义，形成机制与特征，其在完善城市功能、调整城市产业结构、进行旧城改造和建设新区的作用等方面进行仔细研究并加以理论概括，提出新世纪建设发展城市休闲娱乐区的战略理论框架，并依据北京市经济发展战略目标和国际化大都市的城市功能定位，结合石景山区的建设成果、绩效评价和发展趋势，力图从实际出发，从实证入手，为尽快建设北京市文化休闲娱乐区、提高北京市的城市竞争力、实现可持续发展提供有益的建议和参考。

1.2　研究思路与论文结构

本书的研究对象属于多学科交叉领域，涉及经济学、区域经济学、经济地理学等学科。本书以区域经济学中的区位理论、产业聚集理论和主导产业发展理论作为基础理论，结合中外建设和发展城市休闲娱乐区的基础实践，紧紧扣住以人为本发展文化休闲娱乐产业这一主线，以石景山区的实证分析为重点，对北京市文化休闲娱乐区的发展与规划展开分析研究。按照以上思路，本书共由 6 章构成：

---

❶ 魏小安：中国休闲经济 ［M］. 北京：社会科学文献出版社，2005.

第1章为导论，概述建设城市休闲娱乐区与经济发展的相辅相成关系，说明建设的必要性，给出研究背景、思路及方法体系；

第2章介绍本书的基础理论；

第3章重点介绍城市文化休闲区的概念，并与其他相关概念进行比较，对城市休闲娱乐区的基本特征、类型及主导产业予以概述；

第4章介绍文化休闲娱乐区对城市的作用、其形成机制以及对城市发展的重要性；

第5章阐述北京市文化休闲娱乐区产生和发展的条件，介绍北京市建设文化休闲娱乐区的背景、发展意义以及文化休闲娱乐区现有主导产业的

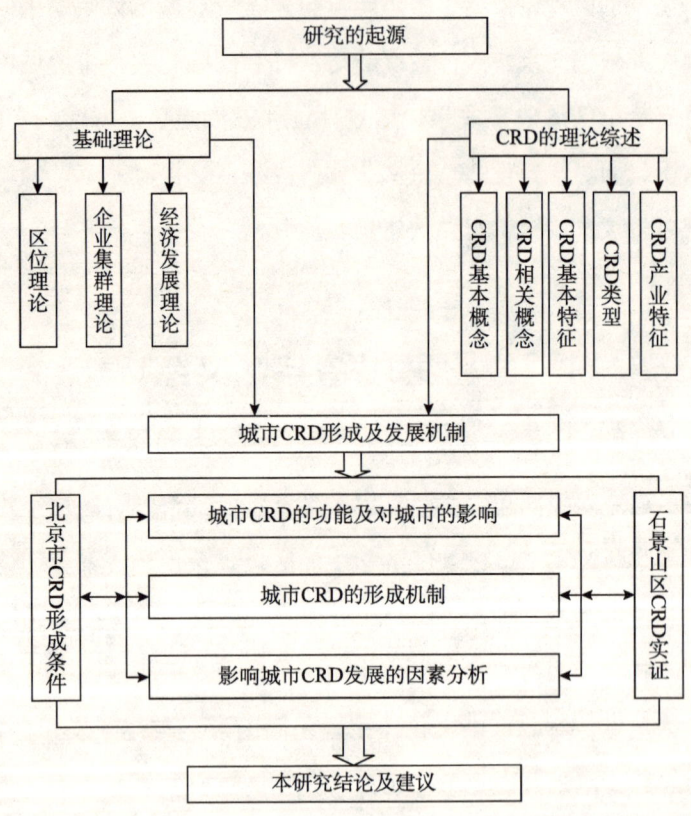

图1-1 本书研究的基本框架

发展现状;

第 6 章通过实证来研究石景山区休闲娱乐区规划实施的关键点,指出休闲产业的发展是该区建设文化休闲娱乐区的关键;对该区 CRD 的建设提出相应策略。同时对石景山文化休闲娱乐区的发展和规划提出自己的看法,指出产业置换和发展新经济是规划得以实施的关键。

1.3 研究的基本方法与创新

本书在区域经济理论和城市管理理论的支撑之下,结合国内外相关研究成果,选择了从城市功能以及城市产业结构调整的视角来审视和分析文化休闲娱乐区的发展。

本书采用:

(1) 文献收集法:收集国内外文化休闲娱乐的相关文献资料;

(2) 比较借鉴分析法:对国内外资料进行综合概括、归纳和提炼;

(3) 逻辑推理法:较多地运用已知事实、真实数据推断结论;

(4) 案例研究法:选取以政府主导型为主的文化休闲娱乐区,即石景山区为例,对石景山文化休闲娱乐区目前建设及发展的情况进行分析论证并提出建设性建议。

本书的创新点:

(1) 目前对城市休闲娱乐区的研究都偏重于探讨由外来旅游者冲击所引起的城市休闲、旅游、娱乐产业区域性集聚现象,将满足外来旅游者的需要作为城市休闲娱乐建设的第一要务,而忽视了本地居民对城市休闲娱乐活动设施的需求。但在北京这样的国际大都市中,由于城市化水平不断提高,人们生活水平也随之提高,人们的精神需求不断加大,加之城市功能的转型,这些都对城市的文化、休闲、娱乐活动提出了更高要求。因此，有必要从立足于城市自身功能的完善、满足本地居民和外来游客的需要等方面，更为全面地阐释在城市中建立和发展文化休闲娱乐区的问题。

（2）在研究方法上，现有对城市休闲娱乐区的研究（RBD、TBD）多单纯从地理学入手，由于文化休闲娱乐区理论始于 RBD（Recreational Business District），而 RBD 的研究是从对风景区旅游地的研究开始，所以自然景点或者历史景点成为决定 RBD 区位的重要定位依据，在这一思路指引下，国内学者大多采纳 RBD 的狭义定义，将"区域"的地理范围压缩得很小，甚至一条步行街和一座综合的购物中心也能成为城市的 RBD。本文采用广义的 RBD 概念，从区域经济发展、城市职能转变以及城市产业结构调整的角度来研究城市文化休闲娱乐区，力求对推动休闲娱乐区健康发展，促进都市文化产业、休闲产业、旅游业和娱乐产业等现代化的第三产业，以及对完善北京的城市功能、把北京建设为世界城市和宜居城市等方面有所裨益。

第2章 基础理论

　　城市文化休闲娱乐区是由其构成的休闲、旅游、文化企业在空间上高度集聚而形成的。因此，讨论城市文化休闲娱乐区的发展问题离不开企业集聚理论。同时，城市文化休闲娱乐区的发展过程是供给和需求在空间上动态相互作用的结果，它的发展状态直接影响城市的功能变化和经济发展，所以区域经济学理论是本文研究城市文化休闲娱乐区发展的最重要的理论基础。本文主要涉及区域经济学和新经济地理学的以下理论：区位理论、集聚理论、区域经济增长理论。

2.1　区位论

　　区位的主要含义是某事物占有的场所，具有位置、布局、分布、位置关系等方面的意义。区位理论是微观经济学理论，它主要探讨地理空间对各种经济活动的分布和区位的影响，是关于人类活动的空间分布和空间组织优化的理论。区位理论主要解决厂商如何进行布局才能使成本最低或利润最大的问题。区位理论对于城市区域开发具有十分重要的指导意义，被许多专家应用于理论研究和实践分析中。区位理论是区域产业空间整合的理论基础，它能够指导特定区域产业空间上的规划，是整个区域发展战略的重要组成部分。

2.1.1 古典区位论

古典区位论是区位理论的基础，它包括杜能的农业区位论、韦伯的工业区位论和运输区位论。

2.1.1.1 农业区位论

杜能的农业区位理论（Johann Heinrich von Thünen，1826）产生于农业经济时代，那时人类社会面临的主要问题是如何选择作为其主要经济活动的农业活动的场所。杜氏理论提出，影响农业空间布局最重要的区位因子是运费（T），由于运输效率低下，距离的远近不仅关系运费的多少，也决定了农业生产的最大利润（P）。数学表达式为：$P = V(E + T)$，其中 E 为农业生产成本，V 代表农产品的市场价格。利用此公式，杜能设计出农业空间分布的相应模式，以城市为中心，由内向外布局了 6 个农业圈（自由农业圈、林业圈、轮作式农业圈、谷草式农业圈、三圃式农业圈、畜牧业圈）。

2.1.1.2 工业区位论

德国经济学家韦伯于 20 世纪初（Weber A.，1909）创立了工业区位论。

韦伯通过分析某些工业生产与分配的过程，指出在特定的条件下，工业的企业布局在什么区位才能获得最大的经济利益。工业区位论的基本理论框架是研究运费对工业区布局的影响，继而研究劳动费和集聚因素对工业区布局的影响。该理论在特定的前提假设条件下，得出如下结论：

（1）由于工业企业是追求利润最大化的企业，因此，企业一定布局在运费最小的区位，韦伯提出了一系列的概念和指标，如原料指数、区位重量及综合费线等工具，确定运费最小的工业区位。

（2）劳动费用作为考察对象。判断劳动费用对工业企业区位的影响程度，可通过劳动指数来测定。"劳动费指数"＝劳动费/制成品重量，它是指每个单位重量产品的平均劳动费用。如果劳动费用指数大，从最小运费区位转移向廉价劳动费用区位的可能性就越大。

（3）韦伯认为聚集所产生的规模经济效益也会对工业企业区位格局的最优化产生影响。所谓聚集因子，就是指一定数量的工业企业聚集在特定的区位条件下，所带来的生产或者销售成本的降低。他认为聚集的经济效益一方面取决于聚集的产业或企业的种类与结构，另一方面还取决于聚集的规模。聚集的经济效益可通过两种类型（一是由经营规模的扩大而产生的生产聚集；二是由多种企业在特定的空间上集中所产生的聚集，这种聚集的利益是企业间的关联、协作、分工和共享基础设施所带来的）来实现技术集聚和社会集聚。韦伯对技术集聚做了重点研究，提出集聚引起三种地域经济类型：地方性经济、城市性经济和中心区工业。

2.1.1.3　运输区位论

美国空间经济学家胡佛（Edgar Malone Hoover）在 1937 年与 1948 年分别出版的《区位理论与皮革制鞋工业》和《经济活动的区位》两本著作中，首先提出了运输费用结构理论，他把运费分为场站作业费用和线路运输费用。在一般情况下，线路运输费用与运输距离成一定比例，但场站作业费用与运输距离无关，因此，为了减少运输费用，在运输时应该尽可能地减少货物中转的次数。他还得出结论，不同运输方式都存在着不同技术特征的运输费用递减现象。其经济意义在于，经济活动可以按照原料和产品的运输距离来选择自己适合的运输工具，以节约运输费用。另外，胡佛还研究了送达价格与市场地域之间的关系，从而论证了企业布局区位中的中转点现象，提供与在港口区和交通枢纽转换点发展工业的理论依据。

2.1.2　近现代区位论

近代区位理论主要包括费特尔的贸易区边界区位理论、俄林的一般区位理论、克里斯托勒的中心地理论和廖什的市场区位理论。

2.1.2.1　费特尔的贸易区边界区位理论

市场区位论产生于垄断资本主义时代。这一学派的主要观点为：产业布局必须充分考虑市场因素，企业尽量布局在利润最大的区位。代表性的理论是费特尔的贸易区边界区位理论，他认为，决定任何企业或者贸易中心的竞争力的最根本的因素，是运输费用和生产成本费用。每个企业单位产品的运费和成本费用愈低，其市场区域越大；反之，市场区域会在竞争中逐步缩小。因此，他根据成本和运费的不同假设，提出了生产地贸易分界线的抽象理论。

2.1.2.2　俄林的一般区位理论

1930 年初，瑞典的俄林（Bertil Ohlin）在他所著的《区际贸易与国际贸易》一书中认为，杜能和韦伯的古典区位论是孤立的微观理论，他把区位研究同地域分工和区际国际贸易结合，把贸易理论看成区位论的一部分，形成一般的宏观理论，人们称之为一般区位论。一般区位理论认为，地区是分工和贸易的基本地域单位；强调原料产地、工业区位和销售市场三者的依存关系。

2.1.2.3　克里斯托勒的中心地理论

20 世纪 30 年代，随着经济活动集聚的进程加速，城市逐渐成为工业、交通的集中点，商业、贸易和服务业的聚焦点，人们对城市的关注日益增多。德国地理学家克里斯塔勒（Walter Christaller）于 1930 年出版了《德国南部的中心地》，提出了城市区位理论。中心地理论的概念建立分 3 个步骤：

（1）根据已有区位理论，确定个别经济活动的市场半径；

（2）引进空间组合概念，形成一个多中心商业网络；

（3）将各种经济活动的集聚纳入一套多中心网络的等级序列中。

在探讨市场中心和服务范围关系结构时，形成了市场区域呈六边形的空间组织结构。中心地理论致力于探索决定城镇数量、规模和分布的原理，它的基本要点是：一个区域的发展必须有自己的核心，中心地是指向居住在其周围地区的居民提供商品和服务的地方；各级中心位于六边形的中心或边的中心与顶点上。

中心地的等级和中心职能是相互对应的，等级越高，数量愈少，服务半径却逐渐增大，提供的商品和服务的种类也随之增加；同一等级的 2 个相邻中心地间的距离相等，级别越低，距离越短；依照市场最优原则、交通最优原则和行政最优原则，中心地的空间分布形态形成了 3 种不同的中心地系统空间模式。

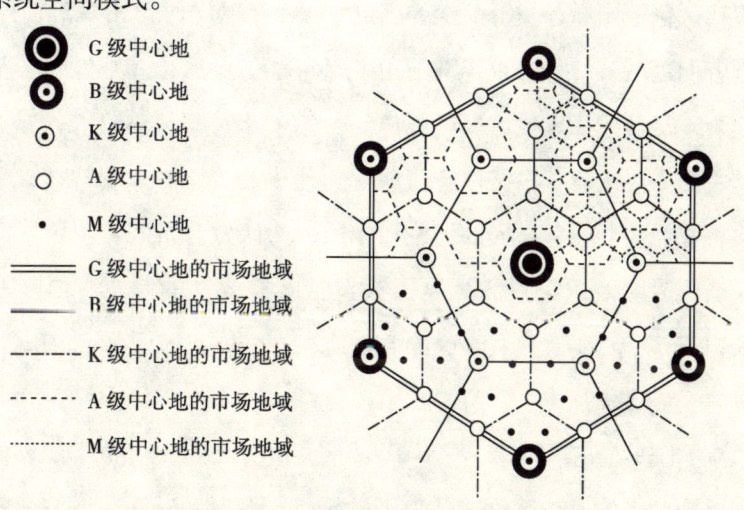

◉ G 级中心地
◉ B 级中心地
◉ K 级中心地
○ A 级中心地
· M 级中心地
═══ G 级中心地的市场地域
━━━ B 级中心地的市场地域
─── K 级中心地的市场地域
- - - A 级中心地的市场地域
······· M 级中心地的市场地域

图 2−1　克里斯托勒的中心地理论

2.1.2.4 廖什的市场区位理论

德国经济学廖什（August Losch）于 1940 年出版了《区位经济学》一书。廖什的市场区位理论认为，大多数工业区位选择在能够获取最大利润的市场地域，他提出区位的最终目标是寻取最大利润地点。为了寻找在理论上能够获得最大利润的市场地域，廖什进行了科学的假设并得出如下结论：

工业布局的原则不是成本最低而是寻求最大利润，即总收益和总成本之差最大。他将市场网络按照经济法则排列，把形成的具有等级序列的空间分布称为经济景观。在自然条件和人口分布密度均质的情况下，经济景观有规律地扩展，形成三角形、聚落和城市分布、六边形的市场区形。廖什最大利润区位论的市场是蜂窝状的正六边形"面"状市场。

2.1.3 现代区位论进一步发展（区域经济学的产生）

现代区位论出现于 20 世纪 50 年代，随着现代西方宏观经济学的发展，学者们逐渐从一种宏观经济的角度来考察工业区位。把地理学与经济学相结合，便形成了现代区域经济学。

其主要的流派有：以艾萨德、胡佛为代表的成本—市场学派；认为运输成本将成为次要因素，人的地位和作用成为区位分析的首要因素的行为学派；认为影响区位配置的重要因素包括政府政策的制定、国际军事原则、人口迁移等因素，探讨政府对区域经济发展的干预的社会学派，等等。

1. 美国著名经济学家艾萨德（Walter Isard）是区域经济学的创始人之一，把单个厂商的最佳区位扩展为区域的综合发展，建立区域空间的总体均衡，完成区位论向区域经济学的转变。

艾萨德对区域经济学的最大贡献在于他将纯理论的推导带入对空间上区域的各发展阶段的经济分布及其空间结构的研究，并设计出区域分析和应用的模型。

2. 埃德加·胡佛所构筑的区域经济学的理论体系，提出了区域经济学的 3 个基石。

（1）生产要素的不完全流动性（自然禀赋的差异性）。

生产要素包含自然资源和社会经济资源，自然资源的位置确定之后，或者不能被移动，如土地、森林、矿山、草原等；或者很难移动，如水资源等。社会经济资源中最主要是人力资源、资本和技术，其流动虽然是正常的，但必须付出相应的流动成本。所以，任何一个地区都有利用资源优势、发展区域经济的必要。

（2）生产要素的不完全可分性（经济活动的不完全可分性）。

由于集中经济和规模经济的存在，不可能将生产要素进行彻底的分割，并将其均衡地分布在所有地区。必须考虑规模经济和区域聚集的要求，在条件好的地方集中布局各类产业。聚集区的形成又带来人口的增加，从而形成城市，成为地区的经济中心。

（3）产品与服务的不完全流动性（空间距离的不可灭性）。

其是指由于距离因素的影响，产品与服务的移动必须支付相应的运输成本，否则就不可能流动。为了减少距离成本，产品与服务生产的地方化就十分必要。

近年来，新的学科领域和新的知识体系开始渗透和交叉到区域经济学研究中，系统论、信息论和运筹学方法使区位经济理论及其应用迅速向纵深发展。回顾区位理论的发展历程，对分析城市文化休闲娱乐区的区位因子会起到一定的借鉴作用。

2.2　企业聚集理论

集群的概念来源于生态学，原意是指以共生关系生活在同一栖所的不同族群。当把集群引入到经济发展，特别是区域经济发展中，则是指在某一特定领域中，产业集群反映了企业在相关的商务联系基础上所存在的地理组合现象。DECD 经济合作与发展组织指出，在集群里，企业之间有不同程度的交互作用，例如从松散的企业网络协会到多种形式的合作与竞争。

随着世界产业不断的分化和发展，企业聚集理论研究的内容不断扩大，已经形成了不同派别的较为成熟的理论体系。其中，著名的企业聚集理论主要包括下述几种。

2.2.1　马歇尔产业区形成理论

产业集群的理论可溯源至 1890 年马歇尔（Alfred Marshall）的新产业区理论。该理论第一次比较系统地对产业集群形成机制进行了论述，提出了外部经济概念。他认为产业区的形成主要是为了能获得外部经济的支持，外部规模经济能够提供企业协同创新的环境。马歇尔提出，产业聚集的本质就是把性质相同的中小厂商集合起来对生产过程的各个阶段进行专业化分工，实现作为巨型企业特征的规模经济生产。产业聚集能促进专业化投入和服务的发展，为具有专业化技能的工人提供了集中的市场，使企业从技术溢出中获益。马歇尔理论的突出贡献是对于产业集聚的三因素（即劳动市场共享、关联产业的成长和技术外溢）的分析，它成为后来的经济学界广泛引用的研究产业集聚现象内在机制的重要理论基础。

2.2.2　韦伯的厂商集聚理论

最早对集聚经济进行论述的是工业区位论的创始者德国经济学家韦伯（Alfred Weber）。他在 1909 年《区位原论》的第一部分《论工业区位》中，提出如下观点："与单个工厂分散分布相比，多个工厂集中在一起能够获取更高的收益和更低成本，厂商通过地理空间的集聚能够实现集聚经营。"韦伯从产业集聚带来的成本节约的角度讨论了产业集群形成的动因。他认为费用最小的区位是最好的区位，而聚集能使企业获得成本节约。影响集聚的因素有技术设备的发展、劳动力组织的发展、市场化因素（大规模的生产和销售）和经常性开支成本的减少。

2.2.3　帕鲁的增长极理论

法国经济学家佩鲁（Francois Perroux）于 1950 年在《经济学季刊》中发表的《经济空间：理论与应用》中首次提出"经济空间"、"增长极"等概念，他认为经济空间是各种不同关系的集合，是抽象关系的构成体。这种抽象的经济空间有 3 类，而"增长极"出现在第二类"作为力场的空间"这一空间中。他认为"增长极理论与富含活动单元的经济空间理论是一致的，因为活动单元可以创造自己的决策和操作空间，建立具有推进效应的中心，并推动整个经济多维的发展"，他指出推动性产业可以通过自己的带动作用，来引导、带动整个区域经济的发展。

2.2.4　克鲁格曼的厂商空间集聚理论

克鲁格曼（Paul R. Krugman）是国际经济学的大师，他发表了一系列

15

研究论著如《发展、地理学与经济地理》《空间经济：城市、区域与国际贸易》等。克鲁格曼以规模报酬递增为假设建立了一个工业集聚的模型，得出在规模经济、低运输费用和高制造业投入的条件下，会形成产业集聚。而且，产业空间聚集一旦建立起来，就倾向于自我发展下去。

克鲁格曼对产业集聚理论的另一重要贡献是把地区经济的研究与竞争、国际贸易等问题结合起来，他认为市场结构对产业区位格局和贸易关系有着重要影响，市场因素在地区间的贸易中起到越来越重要的作用。实际上，市场结构的转变反映了地方专业化的趋势，克鲁格曼研究集聚问题的角度和方法具有重大创新性。

2.2.5 新产业区理论

20世纪70年代出现了新产业区的相关理论（王辑慈，2001）。新产业区理论从企业与其所处的社会环境之间的互动关系入手，研究了企业集群的形成动因。

该理论将产业聚集形成的机制归结为2个主要方面：一是柔性专业化生产使企业之间的信息沟通越来越重要，产业聚集的目的主要是考虑交易费用的减少；二是区域创新环境和区域创新网络，它强调产业网络、企业的根植性和行为主体之间的对称关系，强调制度与环境的作用，由于各地的自然、经济和文化基础等条件都不相同，区域创新系统带有很强的本土化特征，进一步加强了对产业集群本地根植性的要求。

2.2.6 产业集群理论

2.2.6.1 概念

正式提出产业集群这一概念并把其理论推向高峰的是美国哈佛大学商

学院的迈克尔·波特教授（Michael E. Porter），他于 1990 年在其《国家竞争优势》（The Competitive Advantage of Nations）一书中正式运用了"产业集群"（Industrial Cluster）一词来表述产业集中化这种经济现象。他对产业集群的形成机理和价值进行了新的探索，从组织变革、价值链、经济效率和柔性方面所创造的竞争优势等角度展开研究，并赋予产业集群如下定义：产业集群是由与某一产业领域相关的相互之间具有密切联系的企业及其他相应机构组成的有机整体。在结构上，产业集群经常向下延伸至销售渠道和客户，并侧面扩展到辅助性产品的制造商，以及与技能技术或投入相关的产业公司；还包括专业化培训、教育、信息研究和技术支持的政府和其他机构。

1998 年，联合国贸发组织秘书处（UNCTAD）根据网络化中的每个企业的技术水平、市场的扩展和企业之间的合作程度，将产业集群分为 5 种类型：非正式的合作网络、有组织的合作、创新型集群、科技园区和出口加工区。

我国关于产业集群的分类研究大约始于 20 世纪 90 年代末。产业集群的分类显示了明显的地域特征，主要集中于经济发达地区。基于产业关联度、区位优势等，将产业集群分为以下 3 类：纵向集群，是由产业的纵向关联而形成的产业集群；横向集群，是由产业的横向关联而形成的产业集群；区位指向集群，是由区位优势指向形成的产业集群。我国学者认为产业集群主要通过以下 4 种途径形成：第一，关键性企业的衍生；第二，中小企业的集中；第三，政府引导；第四，城镇化的推动。

2.2.6.2　产业集群与区域经济发展

产业集群区域化。集群区域化特性的来源大致是：处于同一产业的若干企业在一个共同的市场上发生竞争，这种竞争不仅吸引了本行业的企业，同时也吸引了处于下游的生产要素供应者在竞争的外围落脚，共同满足客户的需求。这样，这一区域就形成了围绕这个产业的独特竞争环境，产业内的信息交流增加，对竞争对手的了解趋于深化，互动创新的过程得到强化。

区域经济的集群化。它指的是一个区域的经济如果持续保持活力并发挥出自己的竞争优势，这一区域内的企业与产业将会形成一个集群，区域经济将借助集群的创新与学习过程得到更加快速的发展，并持续存在下去。

2.2.6.3　波特理论

波特的著名的国家竞争优势理论提出，一国的竞争力取决于其产业创新与升级的能力，国家竞争优势产业是通过一个高度的本地化过程而创造和发展起来。没有一国能在所有部门都获得国际竞争的成功，各国只能在本国的特色产业中获得国家竞争优势。它们获得成功的原因，在于具备最有生气、最富有挑战性的国内环境。

波特认为产业集群是为了获取竞争优势而展开的，他曾提出著名的钻石模型，即国家的特色产业之所以能持续创新与升级，取决于该国在以下 4 方面的条件：生产要素条件，需求条件，相关支撑产业，企业的战略、结构与竞争。另外还包括 2 个附加要素：机遇和政府。这些要素共同构成了一个钻石型的相互作用关系，国家竞争优势来源于国家的产业竞争优势，而产业竞争优势来源于具有竞争力和影响力的产业集群。

波特认为产业集群通过以下 3 种形式来获取和提升产业集群内企业的竞争力：一是提高企业立足本行业的核心生产力；二是企业不断的创新；三是鼓励新企业的形成。

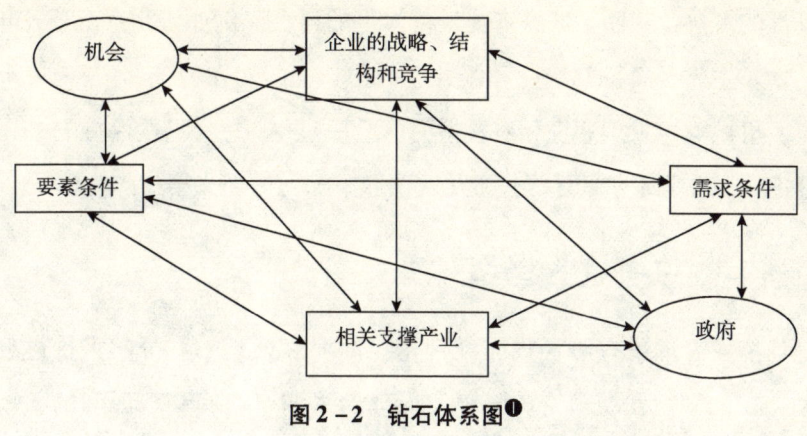

图 2 - 2　钻石体系图❶

2.3　区域经济发展的基本理论

2.3.1　区域经济增长理论

2.3.2.1　区域经济增长的机制

区域经济增长是指区域经济总量的增加，包括地区 GDP 的增长和人均 GDP 的增加，"不论采取何种办法，只要一个国家的商品产量和劳务量提高了，我们就可以把它看作经济增长"❷，驱动区域经济增长的机制主要有地区增长的拉动机制、要素投入的驱动机制和产业部门增长的拉动机制。所谓产业部门增长的拉动机制是指区域经济增长可以具体化为各种产业部门的增长。在一定时期内，可能有某一个或几个部门增长速度很快，成为

---

❶　陈柳钦. 产业集群与产业竞争力 ［J］. 南京社会科学, 2005, （5）: 15 - 23.

❷　德怀特·H·帕金斯, 等. 发展经济学 ［M］. 北京: 经济科学出版社, 1989: 14.

带动性的产业，从而区域经济获得整体上的增长。例如，北京市近几年经济的增长主要靠高科技产业和服务业的增长，即使在传统部门（如钢铁、化工、机械等）发展速度相对缓慢的情况下，经济总量仍然保持10%的增长速度，现在北京市的主导产业为高科技、旅游等新兴第三产业。

2.3.2.2　均衡增长理论

均衡发展理论有两种代表性理论，即罗森斯坦—罗丹的大推进理论和纳克斯的平衡发展理论。平衡发展理论强调产业间和地区间的关联互补性，主张在各产业、各地区之间均衡部署生产力，实现产业和区域经济的协调发展，缩小地区发展差距。均衡增长的中心在于使区域内的产业应尽可能完备，使产业间能够相互形成需求，从而获得内生的增长愿望。

2.3.2.3　非均衡发展理论

美国经济学家赫希曼、汉斯·辛格等为非均衡增长理论的代表人物。非均衡增长主张首先发展某一类或几类有带动作用的部门，通过这几类部门的发展来带动其他部门的发展。不平衡增长理论的核心是关联效应原理。关联效应就是各个产业部门中客观存在的相互影响、相互依存的关联度，其包括：前向关联效应、后向关联效应和旁侧关联效应。因此，区域内优先投资和发展的主导产业，必定是关联效应最大的产业，它能够逐步带动前向、后向和旁侧产业的发展，从而在总体上实现区域经济的增长。不均衡发展理论遵循了经济非均衡发展的规律，突出了重点产业和重点地区，有利于提高资源配置的效率。这个理论被许多国家和地区在实践中运用，并在此基础上形成了一些新的区域发展理论。

2.3.2　区域经济开发理论

2.3.2.1　增长极理论

最早由法国经济学家佛朗索瓦·佩鲁提出。该理论的主要观点是把区域内有限的资源集中使用到主导部门的发展上来，通过对主导部门的投入来激活产业链条，扩大区域市场需求，从而带动相关部门的发展。主导部门集中而优先增长的先发地区称为增长极。任何一个增长极都同时存在着极化效应和扩散效应，增长极的极化效应主要表现为资金、技术、人才等生产要素向极点聚集；扩散效应主要表现为生产要素向外围转移，进而带动周边地区或其他产业发展。

2.3.2.2　发展轴理论（点轴开发理论）

发展轴模式是增长极模式的扩展。由于增长极数量的增多，增长极之间也出现了相互连接的交通线，这样，两个增长极及其中间的交通线就具有了高于增长极的功能，理论上称为"发展轴"（或称为"点轴"）。产业和人口向交通干线聚集，使交通干线连接地区成为经济增长点，沿线成为经济增长轴。我国的区域经济开发基本上按照点轴开发的战略模式逐步展开。

还有一种适宜于经济较发达地区应用的网络开发理论。它是发展轴演化的一种结果，就是由若干个发展轴联合在一起，形成你中有我、我中有你的局面，从而形成增长的网络。

2.3.3　区域经济发展与产业结构理论

区域经济发展是指通过技术创新、产业结构升级以及社会进步来实现区域经济发展质量的提高。产业结构升级是指技术层次更高的产业逐步成为经济发展的主要动力，区域经济发展到一个新的阶段。城市化代表着社会进步。城市化水平的提高，意味着更多的民众聚集到城镇中从事着效率更高的第三产业活动，从而带动城市化水平的不断提高。

梯度转移理论。该理论认为，区域经济的发展取决于其产业结构的状况，而产业结构的状况又取决于地区经济部门，特别是其主导产业在工业生命周期中所处的阶段。如果其主导产业部门由处于创新阶段的专业部门构成，则说明该区域具有发展潜力，因此将该区域列入高梯度区域。

2.2.3.1　地区主导产业的选择

地区主导产业是指以地区资源优势为基础，能够代表区域经济发展方向，并且在一定程度上能够支撑、主宰区域经济发展的产业。地区经济发展的主导产业必须同时具备如下 4 个条件：

（1）有较高的区位商或专业化水平，一般 q 值在 2 以上或专业化系数在 0.5 以上，该产业的生产主要为区外服务；

（2）在地区生产中占有较大比重，能在一定程度上主宰地区经济发展；

（3）与区内其他主要产业关联度高，两者之间的联系越广泛、越深刻，越能通过乘数效应带动整个地区的经济发展；

（4）能够代表区域产业的发展方向、富有生命力的产业。

主导产业是指在较长时间内支撑、带动区域经济发展的产业，因而必须是具有发展前途、代表区域发展方向的产业。

第3章　国内外有关城市
文化休闲娱乐区的理论综述

3.1　城市文化休闲娱乐区的基本概念

由于城市文化休闲娱乐区是城市在近半个世纪里随着世界日新月异的发展而形成的独特的区域现象，需要运用经济学、地理学、休闲学等多学科来进行研究分析，且目前国内外没有关于它一致的理论表述，因此我们很难从统一的角度给出一个公认度较高的定义。但同时，国内外学术界也提出了许多相近的概念，为我们的研究提供了理论基础。这里的研究主要涉及以下一些概念，如 Cultural District（城市文化区）、CBD（城市商务中心区）、RBD（城市游憩商业区）、TBD（旅游商业游憩区）等。

本书中所指的文化休闲娱乐区的英文是 Cultural Recreation District。从英文释义角度，文化休闲娱乐区表述的含义是：

—Cultural：意为"文化"。"文化"一词来源于拉丁语，最早的含义表示耕耘土地、农业劳动。文化有着非常广泛的含义，据统计，有关"文化"的各种不同定义至少有二百多种。最具有代表性的是英国文化人类学家爱德华·泰勒的观点，他于1871年在《原始文化》一书中首次把文化作为一个概念提了出来，并表述为："文化，或文明，就其广泛的民族学意义来说，是一个复合体，其中包括知识、信仰、艺术、法律、道德、风俗以及人作为社会成员而获得的任何其他能力和习惯。"广义的文化是指人类创造的一切物质产品和精神产品的总和。狭义的文化专指语言、文学、艺术及一切意识形态在内的精神产品。

——District：表示"区域、地域"，也有"行政区"的含义。

——Recreation：这个词有很多含义。国人对它的解释有 3 种：

第一种是娱乐和消遣。Recreation 包括所有能够达到消遣和娱乐目的的活动。其主要目标是消遣，追求的并不只是娱乐，也包括放松。在国外，Recreation 的活动包含的内容比较多，既包括室内活动，也包括室外活动，比如健身、游泳、踏青、郊游、野营、骑马、射箭、散步、观看演出、品尝美食、度假、购物、旅游等多项活动。

第二种是游憩。外国学者认为游憩很难定义，我国学者保继刚于 1999年在其所著的《旅游地理学》一书中认为，游憩是指人们在闲暇时间里所进行的各种活动。张立生博士在其博士论文中将游憩界定为人们在闲暇时间内所发生的一种休闲行为，这种行为一般不带有直接的经济收入目的，而且一般与正常的工作无关，行为本身具有一定的享乐性，是一个意义宽泛于旅游的概念❶。参加游憩活动的人称为游憩者，游憩者不仅包括外地旅游者，也包括本地人。本书采纳张立生博士给游憩所下的定义。

第三种是休闲。休闲是一种文化，是一种时尚，是一种经济，也是社会发展到一定阶段，人们对精神追求的一种崇高境界。它伴随着人类的诞生而存在，是随着社会生产力的提高而日益受到人们重视的一种生活方式。美国学者托马斯·古德尔认为"休闲使人返回到健康、平衡的天性上来，返回到一种自然而和谐的状态上来。在这种状态中，每个人都会真正地成为自我，并因此而使生活富有意义"。在西方发达国家，把休闲与消

---

❶ 张立生. 城市 RBD 研究进展与展望 [J]. 安阳师范学院学报，2006（2）：104－107.

费融为一体早已成为消费的新时尚。这种休闲可以体现为休闲购物、休闲旅游、休闲度假、休闲健身、休闲文艺等多种形式，是人们追求完美生活和高端精神享受的积极活动。

本书所研究的城市文化休闲娱乐区的概念界定为：文化休闲娱乐区（Cultural Recreation District）是城市功能发展到一定阶段的产物，是在城市中某一特定区域以文化休闲娱乐产业为主体，集中大量旅游、餐饮、娱乐、文化、高科技等服务机构，集聚城市一流休闲娱乐设施，满足城市居民以及外来游客开展休闲娱乐活动的需要的场所。

3.2　相关概念

3.2.1　CRD 与 CBD

CBD（Central Business District）概念是由美国芝加哥大学社会学家伯吉斯（Ernest Watson Burgess）于 1923 年首先提出的。他在研究芝加哥等北美大城市结构形态时，提出城市的同心圆结构，即城市的社会功能环绕中心呈同心圆结构，其中的核心区就叫 CBD，由此向外依次为转运区、低收入阶级居住区、中产阶级居住区和高收入阶级居住区，共 5 个圈层。现代意义上的商务中心区是指集中大量金融、商业、贸易、信息及中介服务机构，拥有大量商务办公楼、酒店、公寓等配套设施，具备完善的市政交通与通讯条件，便于现代商务活动的场所。商务中心区不仅是一个国家或地区对外开放程度和经济实力的象征，而且是现代化国际大都市的一个重要标志。概括地说，CBD 脱胎于商业，形成于办公业，发达于金融业，现代CBD 一般是商业、办公业和金融业的混合功能区。

表 3.1　CBD 与 CRD 的区别

	CBD	CRD
区位	通常由商业的重要性、可进入性和经济地租的相互作用决定，大多数国家的 CBD 产生于一个国家的中心城市或大型城市，且位于城市的中心地段，地价高	位于自然的或历史的景点以及传统的商业中心，地价在城市的内部或者区域内不是最高的，不是城市地价峰值点所在，相对较低。不仅超大型、大型城市可以建设 CRD，中、小城市也可以拥有 CRD
形态	各种设施高度集中的区域，以高层建筑为主，空间高度密集	低密度，点状，精致的城市形态，活跃且富于艺术性的街道、街区
功能	强调金融和商务办公职能，规模大、复杂多样、复合性强；零售商业的地位已经逐渐减弱，甚至脱离了文化休闲娱乐区的范围	强调以旅游、商业、零售、餐饮、娱乐、服务、文化休闲、游憩等功能为主
产业构成	以生产性服务业为主，如金融业、保险业、房地产业、信息传输业、传媒业和软件业等，致力于发展成为城市的金融中心和商务中心	以消费性服务业为主，如旅游业、住宿业、餐饮业、娱乐业、文化创意产业等，重点打造为城市新型休闲空间
企业聚集	大型、超大型的金融、商务、国际贸易等为主的企业和公司	旅游企业，创意型中、小企业，艺术家和低花费的文化生产者等
服务对象	各类商务办公人员、异地商务人员	旅游者、当地居民
活动	最高级别的经济活动，是城市人流、物流、信息流高度集中的核心区，是一座城市乃至一个国家城市繁荣的象征	文化聚集地，节日和事件的提供地，以旅游休闲活动为主，是现代城市的休憩娱乐区

　　总之，CBD 讲求经济效益，是经济发展的产物；CRD 则更尊重人的需要，注重人性的发展。CBD 与 CRD 也有共同之处：独特的建筑风貌、特色的商业形态、良好的文化载体和完善的服务网络。

3.2.2　Cultural District

　　在西方经济发达国家，开发城市文化园区经常被看作是振兴城市经济、完善城市功能的一种策略。在西方学者的研究中，Cultural District、

Cultural Clusters、Cultural Tourism Area 等名词都是形容城市文化区。著名学者德瑞克·韦恩认为：文化园区指的是特定的地理区位，其特色是将城市的文化与娱乐设施以最集中的方式集中在该地理区位内，文化园区是文化生产与消费的结合，是多项使用功能（工作、休闲、居住）的结合。

美国学者 Frost Krumpf 于 1998 年提出文化区（Cultural District）的概念，其定义为：Well–recognized, labeled, mix–use area of a city in which a high concentration of cultural facilities serves as the anchor of attraction。即：城市中一片得到广泛承认的、明确标示的、供综合使用的地区，在这样的区域中集中了大量的文化设施，创造出较强的吸引力。另外，他还划分了 5 种不同类型的文化（产业园）区域，这些不同的范畴包括文化混合区、艺术机构集聚区、艺术娱乐集聚区和市中心集。法国学者 Antoine Le Blanc 于 2009 年在《Regional Studies》上发表了《Cultural Districts, a New Strategy for Regional Revelopment? The South–east Cultural District in Sicily》一文，以西西里岛东南部的文化区为研究对象，指出文化产业和区域网络文化的大力发展，催生了"文化区"这一新的空间与经济形式。

CRD 的概念与 Cultural District 的概念有重合与交集的地方，城市文化区更强调鼓励文化企业的发展，是一个文化设施高度集中但空间有限的区域。CRD 的空间更为宽松，区域内的产业更为丰富，而且多数 CRD 的产业以消费为主，以满足城市居民的休闲需要为主要目的，其文化内涵更有利于提高消费产品的文化品质。

3.2.3　CRD 与 RBD

3.2.3.1　RBD 的研究

RBD（Recreational Business District）直译为"游憩商业区"，来自于

思坦斯菲尔德（C. A. Stansfield）和瑞克特（J. E. Rickert）于 1970 年提出的 RBD（Recreation Business District）❶ 概念。

根据 Stephen J. Smith 于 1990 年所著《游憩与闲暇研究的概念词典》（Dictionary of Concepts Recreation and Leisure Studies）一书，RBD 的定义为：建立在城镇与城市里，由各类纪念品商店、旅游吸引物、餐馆、小吃摊档等高度集中组成，吸引了大量旅游者的一个特定零售商业区❷。最初对 RBD 的研究是在风景旅游地进行的，因为旅游的发展使旅游地附近慢慢形成了城镇。RBD 的研究历史并不长。1958 年，Barret 通过对滨海旅游地的深化分析，认为滨海旅游地的住宿、饮食、娱乐、商业等各项旅游设施趋向于集中布局，并具有明显向中心区集中的趋势。其意义在于把城市地理学的某些理论应用于旅游、游憩的研究中。1970 年，思坦斯菲尔德和瑞克特在研究旅游区的购物问题时，为描述这类旅游地的结构和功能特性，首次提出 RBD 的概念，他们给出的定义为：RBD 就是为满足季节性涌入城市的游客的需要，于城市内集中布置饭店、娱乐业、新奇物和礼品商店的街区。随后 V. Tolor 于 1975 年提出用宾馆及其他旅游接待设施，如咖啡店、古董店、剧院、服务站、游乐园、饭店、公共浴室和公共水族馆的分布来对城市 RBD 加以定义❸，并以南非的东伦敦为例，把宾馆等旅游接待服务设施的建筑面积占街区建筑面积 50% 以上的城市街区界定为 RBD。早期的研究主要集中于滨海旅游度假地，20 世纪 80 年代末至 90 年代初，学者们开始真正重视城市旅游问题，RBD 的含义也扩展到城市旅游研究中，并试图以此解释城市里以旅游者为导向的城市功能应当如何布局与分布的

---

❶ STANSFIELD C. A, RICKERT J. E.. The recreational business district［J］. Journal of Leisure Research，1970，2.

❷ SMITHS. L. J.. Dictionary of concepts' in recreation and leisure studies［M］. Greenwood Press，1990.

❸ TAYOR V.. The recreational business district：a component of the east london urban morphology［J］. South African Geographer，1975，5.

问题。

Show & Williams（1994）从分析城市在旅游业中的重要性入手，认为城市在空间和功能上集中了各种设施与吸引物，布局于最能满足旅游者与当地居民需要的地点上，形成了 RBD❶。

国内于 1995 年引入了 RBD 概念，它被翻译为"游憩商业区"、"商业游憩区"，有些学者按照中国人的习惯译为"旅游商业区""休闲商务区"，等等。著名学者保继刚第一次在国内城市与旅游研究中运用 RBD 概念，他于 1995 年在探讨深圳华侨城城区发展模式时，提出以旅游业（主题公园）带动城区全面发展，使该区域发展为一个旅游商业区（RBD）的设想，并预见 RBD 可能成为新的城市功能区❷。随后保继刚又把 RBD 定义为城市中以游憩与商业服务为主的各种设施（购物、饮食、娱乐、文化、交往、健身等）聚集的特定区域，它是城市游憩系统的重要组成部分。这是目前理论界较为认同并普遍使用的定义。国内还有一些原意为城市中以旅游者为对象的购物休闲娱乐场所，现在被延伸为以都市上班族为对象，提供休闲商务活动、提供工作之余放松与娱乐活动的休闲商务区域，与一字之差的 CBD 相伴而生。RBD 的三大特点为：主要位于城市或城镇里；以吸引旅游者为主要目的；是集中了餐饮、娱乐、零售商业等服务设施的特定区域。

国内学者对 RBD 的研究较多，如保继刚（1998）最早引进 BRD 的概念；张军，桑祖南（2006）在概念上辨析了 CBD 与 RBD 的异同；张立生（2006），吕祯婷，焦华富（2010）及陈萍，张玉鹏（2011）等分析了中国城市 RBD 发展的驱动机制研究现状；俞晟，何善波（2003）和卞显红，张树夫（2004）探讨了城市游憩商业区（RBD）的布局；许杰兰，王亮

---

❶ SHAW G., WILLIAMS A. M.. Critical issues in tourism: a geographical perspective [M]. Blackwell Publishing Ltd, 1994.

❷ 保继刚. 主题公园的发展及其影响研究——以深圳市为例 [D]. 中山大学, 1995.

（2011）从消费者娱乐休闲行为的角度研究了城市 RBD 的建设。

3.2.3.2　CTD 概念的形成

CTD：西方理论界将 RBD 的含义进行了扩展，Burtenshaw（1991）等对欧洲城市的旅游业进行了研究，提出了"中心旅游区"（Central Tourist District），它是指城市中集中了大部分旅游活动的区域❶。

RBD 的含义也曾被引申为 TBD（Tourism Business District），即旅游商业游憩区。Getz（1993）认为，所谓 TBD 是指游客导向型吸引物和服务都十分集中的区域，这一区域与城市中心商务区（CBD）相邻❷。TBD 是从 RBD 的概念中延伸出来的，与 RBD 有关联但又有不同之处，专属城市旅游。在欧洲一些古老的城市中，TBD 与 CBD 相邻甚至是重叠，分布在老街道内。由于 TBD 显著的视觉作用和经济效益，市政当局往往高度重视这一地区并会进行精致的规划。

由此可见，CTD 与 TBD 都是从 RBD 中延伸出的概念。笔者认为文化休闲娱乐区是从 RBD 中引申的一个独特的概念，与 CBD 的功能、作用、选择的区位、聚集的产业都大不相同，但是它们同为城市的重要功能区，共同构成城市的空间组合，在城市的经济发展中起着重要的作用。

从字面上理解，文化休闲娱乐区结合了 CBD 与 RBD 的概念，但在深层理论上，笔者认为它的内涵更接近于 RBD。RBD 的定义可以分为广义和狭义两种。广义的概念认为 RBD 是城市空间重要的组成部分，是城市行政、文化、休闲、旅游、娱乐功能的聚集区，不同的城市可以发展不同级别的 RBD，既可以是世界级的，也可以是区域级的，它的形态不定，有

---

❶ BURTENSHAW D., BATENMAN M., ASHWORTH G. J.. The european city [M]. London: David Fulton Publishers, 1991.

❷ GETZ D.. Planning for tourism business district [J]. Annals of Tourism Research, 1993, 20.

的 RBD 是自然形成的, 有的则是在城市发展的内在需求与政府的科学引导下形成的。狭义的概念认为 RBD 是城市里专门供游憩者游憩的区域, 当然也会有一些商业和文化娱乐等配套设施, 但其最主要的功能是游憩, 它的区域范围多呈长条状, 主要依附于自然景点和历史景点, 空间范围狭窄, 以街区的面貌出现, 为城市中以旅游者为对象的购物休闲娱乐场所。

在本书里, 笔者所认同的是前者即广义的概念。笔者认为文化休闲娱乐区是从广义的 RBD 的概念中延伸出来的, 并且结合了 Cultural District 的产业特质, 它给 RBD 赋予了更新更现代的含义。

城市休闲功能和在城市中发展文化、休闲、娱乐产业是这一概念界定的前提条件, 休闲娱乐设施以及借助娱乐设施所展开的娱乐活动是城市休闲娱乐区依托的基础, 城市居民和外来游客（包括一般旅游者以及商务客人）是城市文化休闲娱乐区的服务对象。文化休闲娱乐区与 CBD 共同完善城市的职能, 它们被赋予的城市功能不同, 但地位与重要程度相近, 都是城市文明的象征, 是城市不可或缺的重要组成部分。

3.3　城市文化休闲娱乐区的基本特征

（1）可达性。

可达性是休闲旅游者到达休闲场所的可能性和便捷程度。可达性一方面受距离的限制, 即距离越大, 可达性越小, 但并不完全由距离所决定, 还与交通方式、交通线路、站点分布、停车场停降与停泊设施布局等密切相关。在现代社会, 其影响力却越来越小。首先, 城市休闲娱乐区有一半以上的客源来自城区及城市周边地区。对于此类消费者来说, 空间距离和心理距离可忽略不计。其次, 对外来游憩者来说, 随着现代交通方式的迅猛发展，距离的阻力越来越小，城市的可达性也越来越强。

（2）低密度。

低密度包括两层含义。首先，建筑密度不高。文化休闲娱乐区是提供人们休闲娱乐的场所，人们需要在这一区域放松身心，高楼林立的街区会给人很大的压迫感和紧张感。文化休闲娱乐区的地区容积量一定是大城市中较低的，优美、舒适的自然环境和人文环境是文化休闲娱乐区的第一特征。其次，人流适中，昼夜人口差别不大。与CBD内人流高度密集，一个大厦内可能集中几万人办公，白天人口达到万人而夜晚人流稀少，昼夜间人口数量巨变大不同，文化休闲娱乐区内白天人们正常办公，夜晚出来消遣娱乐的人群会涌向城市内一流的休闲、娱乐、文化设施。

（3）休闲娱乐性。

文化休闲娱乐区的产业以文化、休闲、娱乐为主体，是消费型的服务性产业，而不是生产型的产业，所以，这些产业所提供的产品都用于满足消费者消遣娱乐的需求，使消费者在其闲暇时间里获得生理的补足和心理的愉悦，提高消费者的生活品质。

（4）经济性。

休闲是一种新的社会经济形式，休闲能够参与经济创造，休闲经济作为一种集资金密集、技术密集、劳动密集三大特性为一体的经济形态，对刺激消费、拉动经济发展、解决就业都具有重要意义。20世纪末，在西方发达国家，休闲产业的直接就业人员一般能占据全部就业机会的1/4，间接就业甚至达到了1/2。1998年，全美消费者用于休闲的花费超过1万亿美元，约占全部消费支持的1/3，其社会意义与经济意义都相当可观。随着我国经济的持续高速发展，城镇居民收入水平稳步上升，休闲经济发展可以说恰逢其时。文化休闲娱乐区以发展休闲产业为主，是城市经济发展的最新方向。

（5）文化活动。

丰富多彩的文化活动的呈现是城市文化休闲娱乐区的一大特征，没有文化活动就不可能有一个真正的 CRD。CRD 中经常出现多样化的聚会地点和场所，因为它是革新和创意的地方，在设计和欣赏方面经常是超时代的，创意灵感的获得往往来自于与同行或其他行业的人员相互接触的刺激。CRD 内存在大量的诸如电影院、剧场、餐馆、博物馆以及其他类型的文化聚会场地，能够帮助人们之间相互交流、获取灵感，在休闲放松的状态中产生新的创意。

（6）时间性。

消费者的行为受到可利用的闲暇时间的限制。马克思在《剩余价值论》（1882）的草稿中指出：自由时间即闲暇，"也就是真正的财富，这种时间不被直接劳动所吸收，而是用于娱乐和休息，为自由活动和发展开辟了广阔的天地，时间是发展才能的广阔天地"，"自由时间、可以支配的时间就是财富本身。一部分用于消费产品，一部分从事自由活动"。他还提出，一个国家真正富裕的标志是劳动时间的减少和闲暇时间的增多。随着社会生产力的不断提高和科学技术的不断发展，当今社会经济越来越发达，人们的工作时间不断缩短，闲暇时间越来越长。现代社会的闲暇时间主要包括工作日闲暇时间、周末闲暇时间和节假日闲暇时间。这些闲暇时间都可以发生休闲娱乐行为。消费者拥有闲暇时间的长短，直接影响他们对休闲娱乐方式和休闲空间的选择。文化休闲娱乐区是休闲娱乐设施在某一地理空间的聚集，可以提供各式各样的休闲娱乐活动以满足消费者不同的休闲时间要求。

（7）文化休闲娱乐区的消费者（以中国消费者为例）的特点。

文化休闲娱乐区消费者的个体社会经济属性主要是指消费者的年龄、性别、家庭收入、受教育程度等。

消费者的年龄影响消费者对不同层次休闲娱乐空间的选择偏好。年轻人喜欢追求新奇、刺激的娱乐活动；年长者欣赏健康、富含知识性的休闲活动。

消费者的性别差异也影响了男女居民消费行为的空间差异。一般来说，已婚女性的活动时间和空间的制约较大，其闲暇时间少且破碎，消费活动更多围绕自家的短距离范围而展开，多以体育、社交娱乐活动为主。而男性居民的休闲活动空间较为连续，在活动方式和活动内容的选择上有很强的自主性。

家庭模式影响着消费者的休闲活动方式。老人家庭多选择平缓而有益于身体健康的休闲方式；已婚且有小孩的家庭，喜欢以举家方式参与休闲活动。

消费者的家庭收入影响其休闲行为的空间差异。消费者的家庭可支配收入情况直接影响了其可承担的消费费用程度，可支配收入越高，能够承担的消费费用就越大，可选择的消费机会也就越多。低收入居民的外出休闲活动在一定范围内频度最高，并随距离增大而减小；高收入居民的休闲活动则表现出明显的空间不连续性，其休闲活动倾向于远距离休闲活动；家庭是否拥有汽车也是决定休闲活动距离的一个重要因素。

受教育程度影响个体对客观世界的认识程度和欣赏水平，继而影响其对旅游活动的选择。一般情况下，受教育程度高的人接受的科学文化知识多，可选择的休闲旅游活动类型广泛，从参加体育健身活动到参观博物馆等均可，其旅游空间广阔；相反，受教育程度低的人，其理解和参与能力有限，游憩空间相对狭窄，涉足的休闲旅游活动也较少。

3.4　城市文化休闲娱乐区的类型

3.4.1　国内外学者的观点

3.4.1.1　城市文化区和城市 RBD 分类

意大利著名学者都灵大学经济系教授瓦特·桑塔嘎塔（Walter Santagata）将文化区分为 4 种类型：产业型、机构型、博物馆型和都市型。产业型文化园区（Industrial Cultural District）主要建立在地方文化、艺术和工艺传统的基础上；机构型文化园区（Institutional Cultural District）通过生产直接与当地文明相关联的产品（如葡萄酒）、转让独特的产品产权和象征价值而建立；博物馆型文化区（Museum Cultural District）主要以信息技术、表演艺术、休闲产业为基础而建立；都市型文化园区（Metropolitan Cultural District）通过使用文化和艺术服务，赋予该区域新生命以吸引市民，从而加速城市经济发展，塑造新的城市形象。从生成机制的角度，英国学者肖特豪斯（Jim Shorthose）在其代表性论文《文化街区发展的催生型和自发型模式》（The Engineered and the Vernacular in Cultural Quarter Development）中，通过对莱斯特和诺丁汉两地文化区的比较分析，按照园区最初的形成经过，认为前者具有专业性、政策导向性的基本特征，是靠政府运作形成的催生型（Engineered）文化街区的典型代表；后者则具有非正式性、自助性（DIY）的基本特征，属于自发型（Vernacular）模式。这一观点得到了我国很多学者的认同。

我国著名学者保继刚教授认为城市 RBD 可分为大型购物中心型、特色商业步行街型、旧城历史文化改造型和新城文化区型四大类型❶。按照专门研究城市 RBD 的学者张立生（2006）的观点，每种 RBD 类型都有其形成的原因，不同的形成机制决定了其不同的特征和不同的空间构成要素。他将城市 RBD 的类型分为大型购物中心型、景区周边型、旧城历史街区型和新城工商业中心型。❷

3.4.1.2　城市文化休闲娱乐区的分类

关于文化休闲娱乐区的类型，从上文所列举的有关城市文化区和城市 RBD 的不同表达方式可以看出，城市文化休闲娱乐区的分类并无严格统一的标准，学术界的专家们从不同的角度赋予了其不同的概念和名称。城市文化休闲娱乐区是以旅游产业、文化创意产业、休闲产业及其相关产业融合产生的新业态等为产业基础背景，在各级政府、各类企业、开发商等各个层面相互探索的过程中形成的。城市文化休闲娱乐区由于其历史积淀、基础建设、产业集聚方式、主导产业类型等方面的不同，构成了多种多样的复合式系统。本文借鉴了国内外学者有关城市文化区和城市游憩区的划分方法，依据区域经济学相关理论，结合我国的实际情况，从城市文化休闲娱乐区内所聚集的不同产业的角度，对其进行了分类，主要分为 4 种类型，即产业型文化休闲娱乐区、景区型文化休闲娱乐区、特色艺术型文化休闲娱乐区和都市休闲型文化休闲娱乐区。

---

❶ 保继刚，古诗韵. 广州城市游憩商业区（RBD）形成与发展 [J]. 人文地理，2002，17
(5)：1－6.

❷ 张立生. 城市 RBD 游憩者消费行为研究——上海城隍庙的问卷调查 [J]. 消费经济，
2006，22（1）：65－68.

3.4.2　城市文化休闲娱乐区的类型

3.4.2.1　产业型文化休闲娱乐区

这类 CRD 大多数是生产导向型（Producted），即以文化生产活动，如艺术原创、艺术设计、数字技术等文化创意产业为主导产业。区域内产业集群发展相对比较成熟，汇集了外形独特的新产业基地、影视基地、时装设计工作室或传统工艺如琉璃、陶器制作中心等，在提供给人们新颖独特的原创产品的同时，也可以让人们在有别于传统产业、充满创新氛围的空间中参观和游览，满足了休闲娱乐的愿望。这种类型的文化产业园区又可根据生成区位分为两种：一种是由于城市产业结构更新升级，由旧工业区改造而成；另一种则诞生在城市新兴的高新技术产业园区和文化创意产业园区。

随着现代经济的发展，人们对环境保护越来越重视，一些重工业逐步从城市中迁出，取而代之的是新型环保产业和有更多附加值的创意产业。大量的旧厂房和仓库被闲置，许多大型重工业机械被淘汰废弃，例如，首钢的炼钢炉。有些老工业城市因此而衰落，老工业区变得荒芜。在这种困境下，"城市文化休闲娱乐区"以其新的空间构成与经济形式横空而出，成为区域发展的新策略，是城市生存和复兴的希望。废旧闲置的厂房因其宽敞明亮的空间、宽松的创意环境、廉价的改造成本和租金，往往成为城市文化休闲娱乐区的诞生之地。在众多的艺术家和中小型创意企业家眼中，这些旧工业时代遗留的空间和物件保留了过去时空的记忆，非常适合更新为一个真正与城市生活结合的多元化创意空间。这个空间作为创意产业集聚区，不仅能够利用现有的建筑来创造创意产业发展的平台，又能够保护工业文化遗产。运用新的设计模式来改造老厂房、老仓库，可以为历史的留存注入新的时尚元素，使旧厂房成为现代城市的新景观，促进了工业旅游的发展。与此同时，城市文化休闲娱乐区还促进了新产品的诞生速度和新的生产过程差异，消费者能够进入商业中心找到大量的所需不同产品。国内外有许多此类成功的 CRD，如闻名于世的美国纽约的"苏荷"、中国杭州的"LOFT49"，等等。

另一类城市文化休闲娱乐区以高新技术产业园区为区位依附。进入 21 世纪后，城市化进程加速、城市不断扩张，随着世界技术产业的产地转移，信息技术等高新技术产业迅速崛起，原有城区的面积、规模、建设结构都不能满足这些新兴产业的发展，因此城市不断向外扩展，许多城市顺应建设了新城区。新建城区的建设规划相对超前，标准较高，建筑形式多种多样，空间格局与众不同，新兴的文化创意产业大都汇集于此，形成文化创意园区。区内以现代城市景观为主，高档的写字楼林立，在此工作的大都是科技与文化相结合的智力型人才。现代化的产业使高收入白领主要汇集于园区，为了满足他们工作、生活和娱乐的需要，体育休闲设施、大型的购物中心、新颖的影剧院应运而生。而集购物、餐饮、娱乐等功能于一体的创意产业新区，同样吸引着当地和外来人群的参观与消费，从而形成新的城市文化休闲娱乐区，位于中关村高科技园区内的中关村创意产业先导基地就是典型代表。

3.4.2.2　景区型文化休闲娱乐区

景区型文化休闲娱乐区可以分为有资源基础和无资源基础两大类型。

有资源基础的文化休闲娱乐区是指：该种类型的园区在建设初期或建设之前，区域范围内就已经存在着附着于土地上的历史文化、旅游吸引物等资源，人们去那里主要为了游览古迹名胜，而不是单纯购物、吃饭或者住宿。因为有了著名景区（旅游吸引物），才有了周边高度集中的服务设施，这些设施也为了满足游客的需要而不断完善与建设。景区和景区周边服务于游客的各类酒店、纪念品商店、特色小吃店、地方文艺表演场所、娱乐设施等一起构成了景区型文化休闲娱乐区。

云南的丽江古城就是典型的景区型城市文化休闲娱乐区，其以著名的纳西族文化为核心旅游吸引物，打造了一系列以此为主题的文化产品与旅游产品。丽江古城作为世界文化遗产，拥有不可复制、影响力巨大、具有标志性意义的文化旅游资源，它通过对这些文化资源的开发与整合，同时引入了现代流行的消费文化如各具特色的酒吧、餐饮设施、纪念品商店等，对整个区域进行了合理的规划和改造，在园区内从不同的角度、以各种不同的方式展现出独特的丽江古镇文化，形成具有地方特色的旅游文化产业集群。其核心区域的游客比重高达 70% 以上，特色旅游企业占商业业态的 50% 以上。

无资源基础的文化休闲娱乐区是指区域内在建设初期没有任何附着于土地的文化资源，该类旅游文化休闲娱乐区的形成是由具有休闲旅游文化性质的企业入驻而拉动催生的。在一般情况下，这类 CRD 是由政府主导，为了适应城市的发展、满足现代城市的新功能而诞生，这类最典型的例子就是主题公园。

奥兰多迪斯尼世界（Walt Disney World Resort）位于美国佛罗里达州奥兰多市附近的博伟湖，占地 120 平方千米，是全世界最大的迪斯尼主题乐园。它筹划于 1964 年，最初园区的选址位于城市边缘的一片充满沼泽、灌木的荒地，没有直接的旅游资源与文化资源，更无相关的产业基础。它经过长达 5 年的营造，耗资 7.66 亿美元，于 1971 年 10 月正式向公众开放，随后又于 1982 年 10 月落成别具一格的埃布克特中心。迪士尼世界自开业至今，40 多年来一直在不断发展、改造和建设中，目前共有 7 个风格迥异的主题公园、6 个高尔夫俱乐部和 6 个特色鲜明的主题酒店，逐渐形成了一个世界上最大的集旅游、文化、购物、娱乐、体育、休闲于一体的文化休闲娱乐区。在迪斯尼集团的发展过程中，四大产业——影视娱乐、传媒网络、主题公园、相关消费品相互支撑与依赖，形成了有机整体。作为集团最大的实体经济的重要体现，奥兰多迪斯尼乐园不断吸纳文化创意企业、房地产企业、配套支持类企业入住园中，经过 40 多年的发展，已经建设成为以景区建造为中心，带动旅游房地产、旅游酒店、休闲娱乐业及相关旅游文化产业经营的大规模文化休闲娱乐区。

3.4.2.3 特色艺术型文化休闲娱乐区

特色艺术型文化休闲娱乐区主要满足当地居民及外来游客的文化消费需求。这类文化休闲娱乐区可以分为两种，一种以地方特色文化、艺术为核心内涵，另一种则起源于最初的艺术家村。

（1）地方特色文化型。

城市中有些区域虽然没有著名的旅游吸引物，也不是传统意义的旅游休闲区，但是这些区域或文化底蕴深厚，文化氛围浓郁，或有着独特而与众不同的民俗文化，它们都可以发展为特色艺术型文化休闲娱乐区。比较成功的案例如新加坡的"小印度"、北京的前门文化区。

"小印度"坐落在新加坡河的东岸，是新加坡印度族群的聚集地，犹如印度的缩影。那里充满了显著的印度风情，聚集了众多规模不一的商店，琳琅满目地陈列着具有印度民族特色的器皿、珠宝、时装、手工艺品、食品、香料等产品。对于印度裔来说，小印度是他们的双重家园。这里的印度宗教寺庙是他们每逢宗教吉日和世俗节日举办活动的场所，是他们心灵与精神的慰藉之地。而各种店铺则是他们能够买到故土的生活用品的物质之乡。同时，小印度独特的宗教建筑，各种风格迥异的餐馆、具有民族特色的工艺品，与新加坡本土不同的生活氛围，这一切也深深吸引着新加坡本地人和外来的游客。每年都有大量到新加坡旅游的人们慕名而来，小印度也成为了著名的城市文化休闲娱乐区。

前门传统文化产业集聚区位于原崇文区，建筑面积 0.78 平方千米，是一个有着 600 多年历史、全国闻名的历史文化休闲商贸街，这里集中了众多名扬海内外的传统文化商店、餐饮公司，同仁堂、全聚德、瑞蚨祥、大观楼、张一元、内联升、百工坊等诸多百年老字号均在此落户，此间的历史文化最能映射北京博大精深的文化内蕴。清朝乾隆年间，前门大街已是"货如山积，酒榭歌楼，欢呼酣饮，恒日不休"，几百年来的不断发展，使其成为北京市传统建筑文化、民俗文化、会馆文化、梨园文化、商贾文化最为发达的特色街区。前门传统文化产业集聚区即在此基础上进行了产业化建设，以弘扬中国传统文化为核心诉求获取了极大的品牌效应。2005年，前门传统文化产业集聚区项目启动，它规划了五大功能区，即：前门大街为步行商业街，东面区域分为中华老字号传统商业及旅游商品区、精品酒店区、精品四合院体验区和娱乐休闲区。区内有国家级文物保护单位1 处，市级文物保护单位 3 处，文物普查单位 51 处，挂牌保护院落 68 处，原有留存企业 300 家与新引进企业 360 家，合计共 660 家。2008 年，前门被确定为北京市的文化创意产业聚集区。作为老北京文化最具代表性的聚集地之一，前门传统文化产业集聚区也成为北京市最著名的文化休闲娱乐区，每天接待游客数量超过 10 万。

（2）艺术型园区。

这种类型的园区一般指书画艺术创作型园区，其原创能力强。有的园区的艺术产业化程度还较弱，而比较出名是不仅艺术产业化程度高，同时商业化程度也较高的地区，如北京市朝阳区大山子的 798 艺术园区、通州区的宋庄艺术村等。

"798 艺术区"位于北京市朝阳区大山子区域，是原国营 798 厂等电子工业厂区的所在地，故又称大山子艺术区（英文简称 DAD，即 Dashanzi Art District），面积有 60 多万平方米。2000 年，基于北京市的城市产业结构调整和升级发展的需要，798 厂的部分产业迁出，空置的大量厂房开始对外出租。从 2002 年开始，大量艺术家工作室和当代艺术机构开始进驻这里，成规模地租用和改造闲置厂房，逐渐发展为画廊、艺术中心、艺术家工作室、设计公司、时尚店铺、餐饮酒吧等各种空间的聚集区，并常年举办大型的画展、时装发布会、艺术节等，使这一区域逐步成为国内最大、最具国际影响力的艺术区。如今，"798 艺术区"已经演化为一个文化概念和一种精神符号，它代表着先锋艺术和不与世俗妥协的生活态度，是各类专业人士及普通大众均向往的文化休闲娱乐区，在理念上对今后其他城市的发展和改造产生了不小的影响，提供了崭新的思路。

3.4.2.4 都市休闲型文化休闲娱乐区

这种类型的文化休闲娱乐园区主要以旅游产业、休闲产业和商贸业为基础，以文化消费活动为主要内容，注重对商业配套及文化氛围的营造，是一个展现大都市风貌的建筑空间集聚区，依赖于区域内大型商业中心和各类休闲场所而形成消费网络，亦强调夜色经济对消费的促进作用。都市休闲类文化休闲娱乐区的建成初衷就是为市民提供休闲娱乐场所，文化元素是其附加值，它可以赋予城区新生命以吸引市民，从而抵抗工业经济的衰落，为城市塑造自由、闲适、宜居的新形象。有些特大城市的 CRD 往往依附于 CBD 周边，成为 CBD 的一个副中心，或存在于特大城市综合体的一部分。

以法国拉德芳斯新城区为例。拉德芳斯区位于巴黎市的西北部、城市主轴线的西端，于 20 世纪 50 年代开始建设开发。它是世界上第一个城市综合体（HOPSCA），是现代巴黎的象征。城市综合体（HOPSCA）又被称作"豪布斯卡"，是不同单词的首字母连写，每个英文字母分别代表以下不同的含义："H"代表"Hotel（酒店）"、"O"代表"Office（写字楼）"、"P"代表"Parking（花园、停车场）"、"S"代表"Shopping Mall（特大型商业中心）"、"C"代表"Convention（会议会展）"、"A"代表"Apartment（公寓）"。拉德芳斯区经过 16 年分阶段的建设，区内高楼林立，世界上主要的跨国公司、银行、大饭店纷纷在这里建起了风格各异、极具现代感的摩天大楼，它拥有面积超过 10 万平方米的超级购物中心，也有设备先进的影剧院，中间星罗棋布着装修独具匠心的小咖啡馆、餐馆，成为集办公、商务、购物、生活和休闲于一身的现代化城区。拉德芳斯区不仅拥有了城市综合体的所有特质，而且不同于其他城市综合体，它还着重发掘城市的文化休闲功能。它的地标性建筑——新凯旋门，集古典建筑的艺术魅力与现代化办公功能于一体，让人很快联想到巴黎的文化遗产凯旋门，已经成为新的标志性旅游吸引物。拉德芳斯区建设的初衷是为了保护巴黎旧城区，缓解旧城区生活和工作的压力，中央商务区是它的主要功能。随着各种设施的不断完善，再加上建造者为其赋予了完美的艺术美感，拉德芳斯区逐渐成为闻名遐迩的新旅游圣地，不仅满足了区内工作者的休闲需求，也满足了巴黎和到巴黎旅行的人们的旅游需求。

近年来，我国经济高速发展，城市化进程不断加速，城市规模不断扩大，城市文化休闲娱乐区发展变化较快，呈现出多种多样的结构方式，有的很难归结于一种类型，各种类型之间的界限并不是很明晰。笔者在这里仅根据目前的一些发展情况进行了粗略的划分，随着城市文化休闲娱乐区发展的逐步成熟，园区类型的划分将会进一步完善与合理。

3.5　文化休闲娱乐区的产业特征

3.5.1　文化休闲娱乐区的产业特征

文化休闲娱乐区的功能决定了其产业特征是文化休闲娱乐区的核心特

征。文化休闲娱乐区以第三产业为主导，但这里的产业并不是传统的第三产业，而是那些代表了当今最先进、最发达、最有前途的产业。聚集在文化休闲娱乐区之中的产业需要有如下的特征：

（1）增长特性。即对区域经济的发展与增长有很大的贡献率。

（2）有比较大的产业关联度。可以带动全区所有部门的全面发展，而不仅仅是本身的发展。例如休闲产业，国内外学者都认为很难给它下一个明确的定义，几乎所有的产业都有一些与休闲相关的工作，国外学者并不热衷于休闲产业划分的研究。我国学者多把休闲产业定义为一组产业群。笼统来说，休闲产业是指与人的休闲生活、休闲行为、休闲需求（物质的、精神的）密切相关的领域。特别是以旅游业、娱乐业、服务业和文化产业为龙头形成的经济形态和产业系统，一般包括国家公园、博物馆、体育（运动场馆、运动项目、设备、设施维修）、影视、交通、旅行社、餐饮业、社区服务以及由此连带的产业群❶。休闲的基础产业主要包括旅游业、文化休闲业和休闲体育业。

（3）绿色、无污染，美化环境的产业。文化休闲娱乐区的产生就是为了创建一个拥有良好的自然环境和良好的人文环境的区域，所以它需要吸引新兴的符合文化休闲娱乐区功能的产业。比如文化创意产业、休闲产业、文化娱乐产业、高科技产业，等等。

（4）先进性。根据工业化进程中产业结构演变的基本框架，人类已经进行了3次技术革命和产业革命。一个区域要发展最有前途的、具有先进性的产业，在未来以第三产业代替第二产业。文化休闲娱乐区代表了人类新生活的方向。所以，最新的产业如休闲娱乐业、文化创业产业等是文化休闲娱乐区大力发展的方向。下面两个图形代表了文化—休闲—娱乐的产业构成模式。

---

❶ 马惠娣. 走向人文关怀的休闲经济 ［M］. 北京：中国经济出版社，2004.

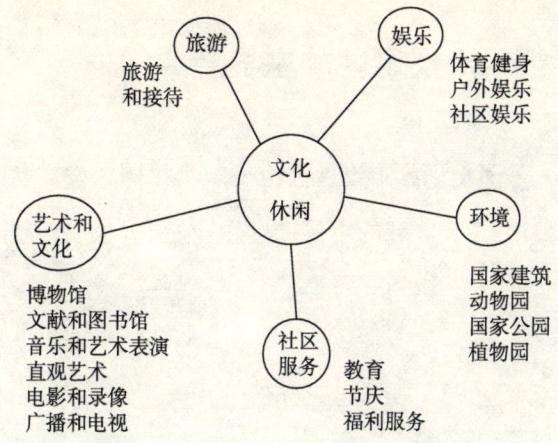

图 3-1　文化—休闲—娱乐模型[1]

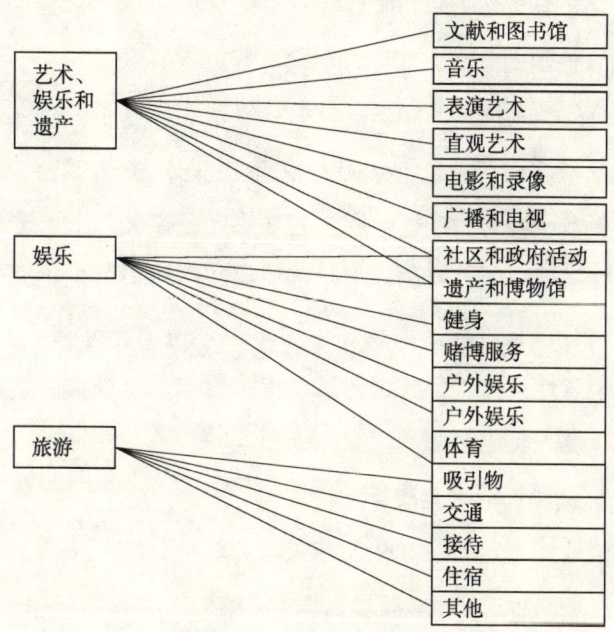

图 3-2　文化—休闲产业[2]

❶ RAYMOND THOMAS HIBBINS. Leisure practices and tourism developments [R]. Beijing International Tourism Symposium, 2006.

❷ 同上

3.5.2　文化休闲娱乐区的主导产业

如前所述，各国文化休闲娱乐区由于产生机制、发展状况和形成的类型各不相同，城市 CRD 区域的主导产业也不尽相同，在城市 CRD 空间内聚集的主要产业有以下几种重要的类型。

3.5.2.1　文化产业

联合国教科文组织对文化产业的定义是：按照工业标准，生产、再生产、储存以及分配文化产品和服务的一系列活动。

（1）世界各国的分类方式。

北美产业分类系统（NAICS）分为：娱乐业与电子传媒业、印刷业与出版业、旅行与旅游产业。澳大利亚文化产业分为：文学、图书、音乐、表演艺术、美术、电影、广播电视、艺术教育、群众文化、健身娱乐等 10 大项。为树立强国形象，强调以文化产业振兴经济，韩国把文化产业分为影视、广播、音像、游戏、动画、卡通形象、演出、文物、美术、广告、出版印刷、创意性设计、传统工艺品、传统服饰、传统食品、多媒体影像软件、网络以及与其相关的产业等。

（2）我国文化产业的分类。

据国家统计局制定的《文化及相关产业统计分类》显示，按照文化活动的重要程度和对社会的影响程度，我国将文化产业划分为 3 个层次，9 个大类，80 个国民经济行业小类。3 个层次包括"核心层"、"外围层"和"相关层"，如下图所示。

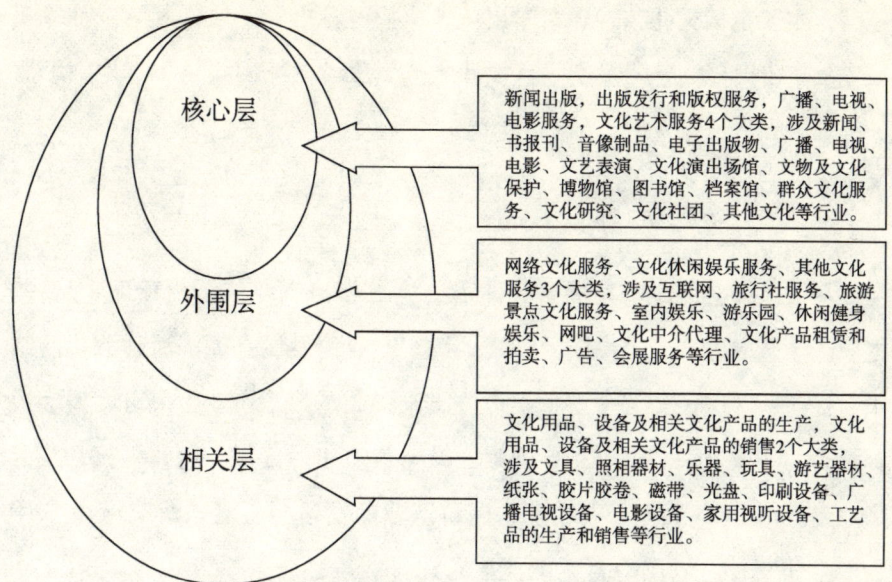

新闻出版，出版发行和版权服务，广播、电视、电影服务，文化艺术服务4个大类，涉及新闻、书报刊、音像制品、电子出版物、广播、电视、电影、文艺表演、文化演出场馆、文物及文化保护、博物馆、图书馆、档案馆、群众文化服务、文化研究、文化社团、其他文化等行业。

网络文化服务、文化休闲娱乐服务、其他文化服务3个大类，涉及互联网、旅行社服务、旅游景点文化服务、室内娱乐、游乐园、休闲健身娱乐、网吧、文化中介代理、文化产品租赁和拍卖、广告、会展服务等行业。

文化用品、设备及相关文化产品的生产，文化用品、设备及相关文化产品的销售2个大类，涉及文具、照相器材、乐器、玩具、游艺器材、纸张、胶片胶卷、磁带、光盘、印刷设备、广播电视设备、电影设备、家用视听设备、工艺品的生产和销售等行业。

图 3 - 3　根据国家统计局制定的《文化及相关产业统计分类》绘制

3.5.2.2　文化创意产业

文化创意产业的兴起源于创意产业这一概念的提出。创意产业最早兴起于英国，它是世界上第一个政策性推动创意产业发展的国家。1998 年英国政府在出台的《英国创意产业路径文件》中明确提出"创意产业"这一概念："所谓'创意产业'是指那些源自个人的创造力、技能和天分，通过知识产权的开发和运用，具有创造财富和就业潜力的行业。"文化创意产业集文化产业和创意产业两个概念于一身，涵盖了更为广阔的文化经济活动，能将抽象的文化直接转化为高度的经济价值，将知识的原创性与变化性融入具有丰富内涵的文化之中，使它与经济结合起来，发挥产业的功能。目前，我国政府对文化创意产业的分类还没有一个统一的规定，各地根据其产业优势和发展需要分别对文化创意产业进行了分类。北京将《国民经济行业分类》中的 82 个行业小类和 6 个行业中类纳入文化创意产业的范畴，主要包括文化艺术、新闻出版、广播电视电影、软件网络及计算机服务、广告会展、艺术品交易、设计服务、旅游、休闲娱乐、其他辅助服务等。

3.5.2.3 旅游产业

从人类社会的经济发展进程来看，世界经济产业的结构正逐步从一、二、三产转向三、二、一产的模式，第三产业的发展是经济活动深化的结果和标志，在国民经济中占主导地位。旅游业是第三产业中最有希望、最具活力的产业之一。城市是各国第三产业最发达的区域，由此可见，旅游产业是城市 CRD 最核心的产业，旅游产业的发达与否直接影响城市 CRD 的产生和发展，是 CRD 成功的先决条件。

与我们以往所熟悉的各种产业如农业、工业、畜牧业等不同，旅游业的产业结构十分复杂，世界上至今没有统一的明确的旅游产业定义。比较权威的分类标准是世界旅游组织、欧共体等组织于 2001 年合作推出的旅游卫星账户，它得到了联合国统计署的批准与推荐。其对旅游产业的范围作了如下分类：宾馆和类似服务业、第二处住所、饭馆和类似服务、铁路客运业、公路客运业、水路客运业、航空客运业、交通运输支持服务业、交通设备制造业、旅行社和类似服务业、文化服务业、体育和其他娱乐业等。

在我国，旅游界专家普遍认同旅游产业有 6 个要素，即"食、住、行、游、购、娱"，旅游产业涉及住宿和餐饮业，交通运输、仓储和邮政业，水利、环境和公共设施管理业（包括游览景区管理业和水利、环境管理业），文化、体育和娱乐业（包括博物馆等文化设施、室内娱乐业游乐园等），以及批发和零售业等。

也有学者把旅游产业分为 7 类，即观光农业、会展产业、运动康体产业、参与型娱乐产业、休闲商业、博彩业、创意产业。我国学界普遍认同旅游产业是以产业集群的形式出现，如下图所示。

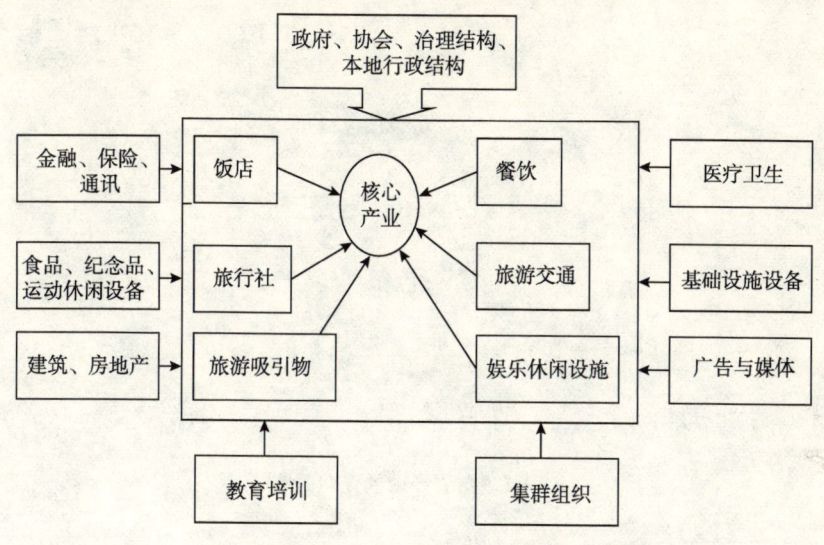

图 3 - 4　旅游产业集群构成图●

3.5.2.4　会展产业

会展产业是社会经济发展到一定程度的产物，其发达程度与一个国家、一个地区社会经济的发达程度密切相关。

会展产业是围绕着会议策划、会展组织、会展管理、会展接待（会展场所）、会展服务、会展教育与研究、会展技术与设备、会展附加活动等展开的一系列市场行为的总和。会展产业链主要包括会展组织方、会展接待场所、会展城市、会展策划与服务公司、会展技术与设备企业等有关方面。会展产业是产业关联度非常高的产业，与旅游业有着密不可分的关系。

●　引自严贻梅，陆玉麒，刘志高. 旅游企业：提升目地竞争力新的战略模式［J］. 福建论坛（人文社会科学版），2004（8）：22 - 25. 本书作者稍做修改。

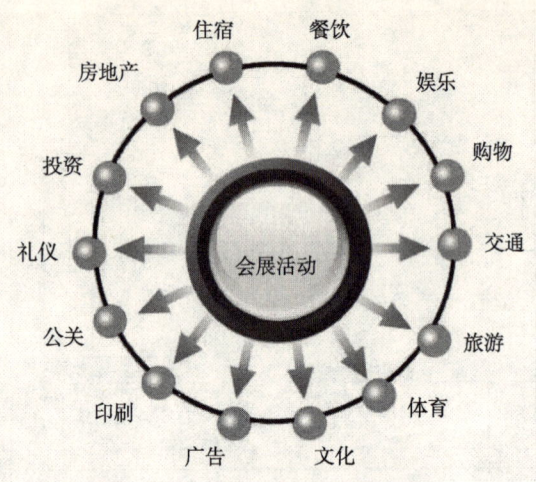

图 3 - 5 会展产业的产业关联❶

联合国世界旅游组织（UNWTO）在其发布的《会议产业经济重要性评价报告》（Measuring the Economic Importance of the Meetings Industry）中指出，会展产业主要包括会议、展览及奖励旅游 3 个方面。美国等国家目前按照这个标准来统计会展产业的相关数据。

3.5.2.5 节事活动

节事活动，尤其是重大节庆活动（如奥运会、世博会、世界杯等）的举办地，往往成为著名的旅游景点，在节庆活动期间，大量的游客涌入，促进和带动了当地的经济发展。发达的城市 CRD 地区，往往也是各种节事活动开展频繁的区域。节事活动可以聚集 CRD 地区的人流，为该地区注入活力，增添文化色彩。在国内外学者眼中，有的把节事活动归属于旅游产业（如著名学者 Getz），有的则认为它属于会展产业的范畴，与 Meeting（会议）、Incentive（奖励旅游）、Conference（大型企业会议）、Exhibition（活动

---

❶ 荆艳峰，王青道，等. 会议产业统计体系研究［M］. 北京：知识产权出版社，2012.

展览）共同形成新的范围更大的会展产业（英文件称 MICE，国内也有学者把它翻译成节事管理，类同 Event Management）。节事旅游的组成涉及政府、企业等方方面面，也是一个产业关联性很强的产业。如下图所示。

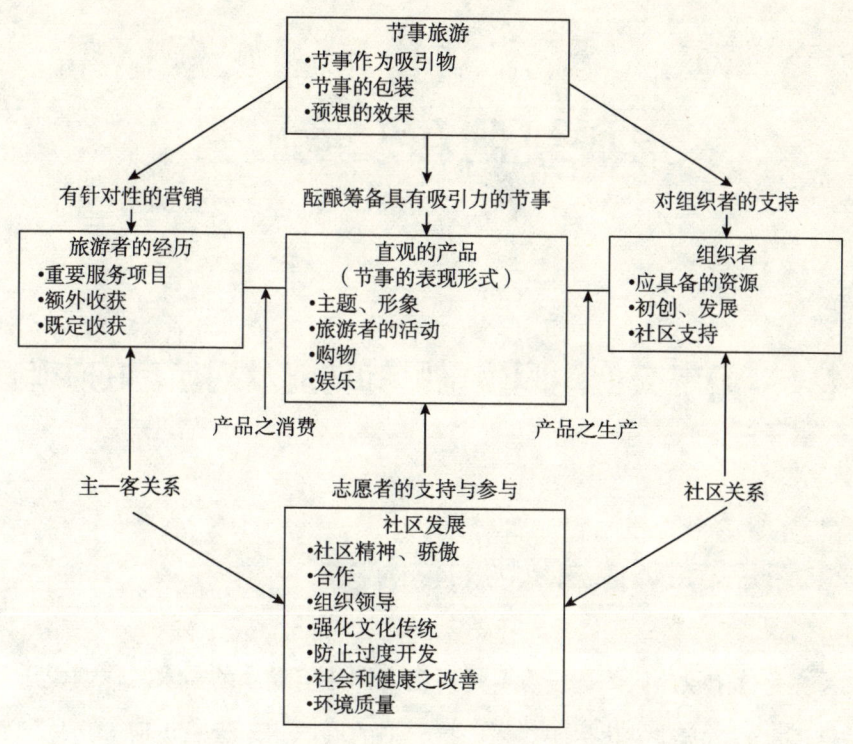

图 3 - 6　旅游节事的组成结构（据 Getz，1991）

人们逐渐开始意识到节事活动的重要性，许多国家的城市政府都把节事活动当做开发旅游业、振兴经济的一剂良药。如万众瞩目的奥运会，定期有世界各国的城市进行激烈的主办方竞争。即使是一些中、小城市，也试图以独具风格的节庆活动吸引外来旅游者，如山东潍坊举办的"风筝节"，其从最初只在山东地区闻名，到今天发展成为闻名遐迩的国际性节事活动，不仅带动了当地的经济发展，更形成了潍坊新的城市形象。为了早日建成石景山区 CRD，北京市石景山地区积极举办各类节庆活动，取得了良好的社会效益和经济效益。

第4章 城市文化休闲娱乐区的
形成机制和发展因素

4.1 城市文化休闲娱乐区的功能及对城市的影响

4.1.1 文化休闲娱乐区的休闲功能

文化休闲娱乐区的建设主要是满足人们休闲娱乐的需求。休闲娱乐是它最根本的功能。文化休闲娱乐区是大型的城市休闲娱乐场所,是休闲娱乐活动的载体。它不仅能满足当地居民和外来游客的基本需求,如饮食、住宿、交通等,还可以为他们提供购物、观赏、娱乐、体验等多种功能。随着社会经济的发展,城市中人们的闲暇需求与设施供给之间的矛盾日益突出,而文化休闲娱乐区既可以充实市区休闲活动的内容,又能够完善城市的休闲空间,使城市的游憩功能得以发挥作用。

4.1.2 文化休闲娱乐区能够改变城市空间结构

随着文化休闲娱乐功能区域的形成以及围绕这一区域相关基础设施的

建设，城市空间结构发生了一定变化，居民的休闲活动空间呈现相对的不连续状态，形成某些空间上休闲活动的相对集中区域，这一区域就是文化休闲娱乐区。文化休闲娱乐区把休闲娱乐的功能植入既有城市之中，使城市空间从传统意义的消费场所本身转变为消费对象，功能的变迁使其成为超大能量的带动体，促使周边大量地区承接新的功能或转换原有功能，而众多城市道路交通的建设，都会将文化休闲娱乐区及其周边地区培育成城市中心体系中的一个新枢纽，使原并不十分活跃的地区转换为新的城市休闲娱乐活动中心，其核心是利用休闲娱乐产品吸引消费者，这种功能的形成将对城市产生永久的影响。

4.1.3　文化休闲娱乐区对城市景观的影响

城市景观变化与城市空间变化紧密相关，空间的变化是城市功能生长所致，城市景观则更多地体现着人们主观意愿的物质表达，反映着特定时期居民的审美观和价值观。文化休闲娱乐区的地区景观空间规划设计，首先突出了人文与休闲的内涵，其容积率低，又开辟了大量绿色空间，空气清新，风景优美，让人心旷神怡，符合城市宜居的功能。同时，优美的城市景观既是城市一道亮丽的风景线，也丰富了城市的文化内涵。总之，城市休闲娱乐以优美宜人、风格独特的物质空间为前提，富有地方特色和时代气息的景观本身就是重要的休闲娱乐吸引物，它代表了城市的形象，表明了城市的特色。

4.1.4　文化休闲娱乐区对城市经济的影响

文化休闲娱乐区的休闲娱乐功能决定了其产业的选择必须既绿色环保、附加值高，又必须满足人们休闲娱乐的需求。未来预测学家格雷厄姆莫利托指出，休闲是 21 世纪全球经济发展的第一引擎❶。休闲产业关联度高，对其他产业的渗透力也极强，会带动旅游、服务、交通、文化、信息、游戏、娱乐等众多行业发展，吸引大量外来投资，促进开发地区成规模的规划建设，从而使投资的影响扩大到整个地区的多个行业和领域，进而扩大地区就业，增加地区税收，带动城市经济的增长。实践表明，城市经济发展水平越高，城市居民的消费能力也越强，他们的休闲支出费用也越高。城市休闲需求的增长，又带动了与休闲直接相关的第三产业的发展，形成经济增长的乘数效应，这样，城市经济就进入了良性循环，文化休闲娱乐区整体成为城市的价值新坐标。

4.1.5　文化休闲娱乐区对城市文化的影响

　　人类改造了环境，环境塑造着人类。城市文化休闲娱乐区功能空间的出现表明城市的生活更多转向精神领域的追求。文化休闲娱乐区产生的根本动力是休闲生活观念的变化，观念作为文化的重要构成必然对城市文化发展有重大影响。随着近年来社会经济的整体发展，人们逐渐认识到休闲娱乐是丰富生命、提高生活品质、完善自我、满足个性偏好、追求生存意义的一种全新的生活方式。在这一背景环境下，文化休闲娱乐区的存在为城市居民提供了高品质的精神休闲场所。在文化休闲娱乐区内，精心规划的每个设计细节都可以成为文化方式、文化底蕴、文化成就的展示，人们在游览的同时无形中提升了自己的生活品位，对市民整体文化修养的提高具有重要意义。同时，在不同城市的发展过程中，形成了不同的城市文化和人文特质，这些特征被映射在人们的休闲活动中。人们结合本地的人文特征来建设文化休闲娱乐区，挖掘和发展原有的休闲文化，使城市的个性

---

❶　资料来源：http://www.davost.cn/html/lvyouxueren/145251/20060824/7281.html.

逐渐凸显出来，让城市更有魅力。

4.2　城市文化休闲娱乐区的形成机制

4.2.1　消费者对休闲娱乐活动的需求不断增长

从 20 世纪 50 年代起，人类社会的经济不断发展，人们生活水平不断提高，社会文明程度也不断加强，人们开始把更多的目光投入休闲娱乐活动中。众所周知，人们进行休闲活动有两个前提：闲暇时间和可支配收入。

由于生产力不断提高，科学技术迅猛发展，人们用于工作的时间越来越短，世界上许多国家的法定工作时间不断缩短。如中国，就从曾经的每周工作 6 天，改为现下的每周工作 5 天。1961 年，英国 97% 的体力劳动者每年拥有 2 个星期的法定假期，而到 1988 年，99% 的劳动者拥有至少 4 个星期的法定假期（英国中央统计中心，1990）。许多国家的退休制度也发生了改变，可以提前退休，享受生活。

自二战结束至 20 世纪 90 年代，人类生活发生了巨大的转变。人们的工资水平提高，大多数家庭的收入也随之增加。以英国为例，1997 年英国家庭的实际人均可自由支配收入比 1971 年翻了一番❶。近几年，中国 GDP 增长迅速，加入 WTO 以来，在物价基本维持稳定的前提下，中国人均 GDP 由 2001 年的 1038 美元增长到 2013 年的 6629 美元，人均储蓄余额和城镇居民人均可支配收入也大幅度增大，在一些大城市如北京，人均储蓄

---

❶　蒂芬·威廉姆斯. 旅游休闲［M］. 杜靖川，曾萍，等，译. 云南：云南大学出版社，2006.

达到 70000 元❶。人们开始争相消费休闲娱乐产品和服务，出国旅游和短途旅游成为时尚。

生活水平的提高使个人的流动性增长。尤其是进入后工业时代，许多家庭都拥有汽车。在我国，近 12 年来电脑和家用汽车的普及率分别由 2001 年的 13.3% 和 0.6% 上升到 2013 年的 41.5% 和 3.4%❷。私人拥有汽车数量的增加对休闲娱乐方式的影响巨大，这也是近些年短途旅游发展迅速的原因之一。

由于整个社会的不断进步，人类的生产效率不断提高，工作时间和工作流程缩短，人们固有的工作角色和社会地位发生变化，社会结构也随之改变。在 20 世纪末期，休闲已经逐渐演变为人们消磨时间、培养兴趣和维持社会关系的重要手段和工具。从某种意义上说，休闲娱乐已经开始成为人们不可缺少的基本需求之一，它满足了人们的不同需求，深深影响着现代人的生活方式。

4.2.2　城市空间结构变化

经历工业化、后工业化浪潮的现代城市，城市功能的发展带上了明显的时代烙印，表现出与农业社会截然不同的工业文明特征。这种变化主要源于城市中新的资金流动模式的出现，城市经济中对资金的使用模式已经由原来对生产产品的偏重转变为现在对消费产品的偏重，由生产性经济转变为服务性经济。第一产业在城市产业中的比重下降，第二产业和第三产业得到快速发展，发达国家城市中第三产业的比重已经达到 60% ~ 80%❸。在这种情况下，不仅大量的旧式工业生产模式被社会所遗弃，与其相联系

---

❶　资料来源：http：//news. xinhuanet. com/fortune/2005 – 10/08/content_ 3593913. htm.
❷　资料来源：http：//market. xuezhishi. net/ServiceManner/MarStr/2007 – 05 – 02/5513. html.
❸　资料来源：http：//www. tzzk. gov. cn/tztrend/display. asp？ ID = 56.

的许多工作岗位也逐渐从现代社会中消失。城市功能由生产型向服务型、生活型转变。

世界新技术革命和知识经济浪潮所形成的冲击波，以人类历史上前所未有的影响力和渗透力冲击着社会与经济的发展，极大地改变了人类传统的生产、生活方式，也对城市的形态和功能结构产生了巨大的影响。这种影响引发了人们对城市物质空间进行改造，产生了新的空间模式。这种变化主要通过改造旧工业生产区，建设新城，继而形成了新的消费和居住中心。后工业化时期的转型与新的社会和文化再造工程相关联，工作已经被更广泛的闲暇活动所代替，演变为人们日常生活的习惯、个性形成的基础以及消费社会中集体文化的建立途径。从 20 世纪 80 年代开始，一个城市精英阶层逐渐形成，他们往往处于新时代服务产业的战略中心位置，这有利于他们获取财富，同时也培养了他们更为前卫的消费文化观念。这种新的观念认为，应当将休闲娱乐置于生活中更为显著的位置。他们积极推进休闲娱乐产业，不仅是城市休闲娱乐产业的投资者、经营者，更是休闲娱乐设施的消费者。

城市中生活着大量这样的人群，城市为满足他们的需要而营造新的休闲娱乐空间；城市空间的改变，相应地引起城市产业结构的变化，继而引发城市休闲娱乐区的建设。现代社会城市的功能得到不断拓展与变化，催生了中央商务区、休闲娱乐区等城市功能分区的诞生与发展，而它们的成长又反作用于城市功能，使现代城市的功能特征愈加突出。

4.2.3　城市功能变化

城市功能是指城市在国家或区域经济发展中所起的作用。早期城市主要为行政、宗教、军事或手工业中心。这个阶段延续的时间最长，城市人口增长缓慢，直到 1800 年，世界城镇人口仅占总人口数量的 3%。城市逐渐形成了政治中心功能、生活功能、军事功能和贸易功能为主体的城市功能格局。工业社会时期是城市发展史上一个崭新的时期。在工业革命的浪潮中，城市发展之快、变化之巨，超过了以往任何时期。工业化带动城市化，是近代城市化的一个重要特点。欧美国家的城市数量激增，城市规模快速增长，在 1900 年英国的城镇人口比重达到 75%，成为世界上第一个城市化国家❶。这一时期，经济中心的功能逐渐成为城市的重要功能。到了信息时代的后工业化社会，城市的第三产业比重大幅度上升，开始占据主导地位，城市的信息化特征也更加明显，出现了城市郊区化、逆城市化、再城市化等现象。城市的功能特征呈现多元化的特点，兼具政治、经济、工业、交通、市场、金融、服务、信息、研发、文化、教育、娱乐等功能。

1933 年，国际现代建筑学会（CIAM）提出的《雅典宪章》❷ 就明确将居住、工作、游憩与交通作为城市最基本的四大功能，并且明确提出城市的建设要以人为本，从人的需要、以人为出发点来衡量城市的功能定位。我国有学者提出城市是人类满足自身生存和发展需要而创造的人工环境，并由此将养育功能、教育功能、生产功能、管理功能、娱乐功能与记忆功能作为城市的六大职能。

在经历了城市无节制扩张所引起的"城市病"，诸如居住与就业、能源与交通、环境与资源、贫穷与犯罪的矛盾之后，处于后工业化时代的西方城市的规划，越来越注重对城市主体——人的关怀，奉行可持续发展、绿色消费、生态恢复与保护的理念。为了体现城市的游憩功能，人们规划花园化的居住环境，大力兴建休闲娱乐设施，城市文化休闲娱乐区正是城市在后工业化时代休闲功能的最好体现。

---

❶ 蒂芬·威廉姆斯. 旅游休闲［M］. 杜靖川，曾萍，等，译. 云南：云南大学出版社，2006.
❷ 《雅典宪章》（原名《都市计划大纲》），详见 http://www.ytgh.

4.2.4　改善城市环境的需要

作为一个完全的人造生态系统，城市是人对自然改造最深刻，也是人与自然界矛盾对立最尖锐的地方。步入 21 世纪后，可持续发展成为人类共同关注的主题。现代城市的发展导致了人口的大量集中及空气污染、资源短缺、环境恶化、交通拥挤、生活质量下降等问题，人们对城市环境改善的要求日益强烈。在城市中心地区，恶劣的环境、高昂的地租、拥挤的交通使许多居民、企业不得不逃离，使城市中心出现"空心化"，在夜间和周末变成了"死城"，阻碍了城市经济与社会的可持续发展。在人们对城市环境和城市生态的需求日益加大的背景下，城市管理者和城市研究者开始考虑通过何种途径来改善城市的生态平衡，提高人民的生活质量。这就要求注重城市的生态功能和经济效益平衡，遵循"可持续发展"思想，运用"绿色城市设计原理"，来较好地平衡和协调商贸区大容量高密度的建筑对户外自然和空间的需求（王建国，1999❶），促进城市的更新。随着城市建设的深入，人们越来越重视休闲娱乐区的开发和利用。城市休闲娱乐区也在改善城市生态方面发挥着越来越重要的作用。人们对城市良好生态环境的追求与对高质量休闲娱乐活动的追求在本质上是一致的，对自然生态的享受本身就是一种休闲体验。因此，城市对休闲娱乐区的建设、发展和完善的过程本身就是对城市生态质量改善和提高的过程。

4.2.5　城市旅游发展的需求能够驱动文化休闲娱乐区

在休闲娱乐的实践和发展中，城市旅游起着关键性作用。随着城市化

---

❶　王建国. 城市设计 [M]. 福建：东南大学出版社，1999.

进程的加快和旅游业的蓬勃发展，旅游的城市化现象日益普遍。城市地区，尤其是大城市地区，常常既是旅游需求中心，又是旅游供给中心。旅游业是优化和提升城市经济结构的新兴产业，它是发展现代服务业的引擎，城市集旅游目的地、旅游客源地、旅游集散地于一体，发挥着集散游客的纽带作用。旅游与城市之间的联系同样非常紧密。当今世界，人们对有着高度文明程度的都市的向往，成为人类一种重要的旅游需求，世界上著名的都市往往是重要的旅游目的地，在英国汤姆森旅游公司编著的《都市旅游》专辑中，被列入的 23 个都市旅游目的地，几乎都是世界著名的大都市❶，如巴黎、罗马、阿姆斯特丹、纽约、中国香港等。北京作为一个正迅速成长的城市，2013 年的入境旅游人数是 420 万。城市的旅游发达是因为：

城市人口相对密集，外来人口和流动人口都很多，拥有发展城市旅游最重要的基数消费人群。在城市内部、城郊及周边地区，城市人口或来城市的外地人口，只需利用市内公共交通或专门的旅游交通就能到达旅游目的地，这些区域的旅游需求量较大。城市区域集中了文化、艺术、娱乐、运动及休闲圣地等旅游资源，吸引着旅游者和当地居民。城市往往是区域交通的枢纽，其良好的交通条件是开展旅游业的基本要求。城市区域集中了大量的商业、金融业、工业以及生产服务设施，具备开展城市观光、商务、购物等城市旅游活动的基本条件。

城市休闲娱乐区的建设，提供了非城市地区所没有的现代化的大型娱乐、文化设施，成为休闲旅游的吸引物，对城市旅游的发展起了推波助澜的作用。

---

❶ 资料来源：http://www.davost.cn/html/xueshulilun/lvyoumudidi/20060404/5158.html.

4.2.6　城市产业结构调整和城市改造能够推动文化休闲娱乐区的发展

随着人类文明的不断进步，各国城市化的进程不断加快，城市生活的自然结构、经济结构、社会结构也随之不断变化和发展。这些变化主要表现在经济结构转型和就业的变化上，由于自然环境的退化和聚集人口众多而导致对土地和住房的需求，人们越来越关注生活环境质量和城市的可持续发展。英国学者 Law 在 2000 年的报告中指出：全球化所带来的日益激烈的竞争，要求工厂必须做出相应的改变并且提供更加灵活的交通条件，这种变化使许多位于城郊和城市周边地区的传统工业及其企业衰落和破产。19 世纪至 21 世纪期间，西方国家由于经济转型，经历了从城市快速发展到城市衰败，再到城市复兴的过程。城市复兴最基本的宗旨是对城市进行社会、经济和文化上的更新，将一个由于衰败而成为社会负担的城市转变为社会的一种新资产。目前，城市复兴不仅仅存在于西方发达国家，它是所有转型社会和转型经济共同面临的挑战，特别是那些由原来的工业活动更多地向服务业即第三产业转变的城市。

这时，人们发现休闲娱乐业和旅游业可以作为城市改造与复兴的催化剂。早在 20 世纪 80 年代中期，以美国为首的西方发达国家就提出了很多解决城市问题的政策。许多城市的政府把休闲、娱乐、旅游业作为加速恢复非工业化进程的有效途径，并且认为其能给当地社会带来巨大的利益，具体表现在：通过改善当地的娱乐场所、文化设施和公共交通，培育人们的自豪感，改善人们的生活品质，促进社会进步；吸引对内投资和政府主导的振兴经济资金，创造就业机会和社会财富，促进经济发展；通过采取新的措施保护已建的环境和开垦土地计划，消除废弃物，增设新的休闲娱乐场所，改变城市空间如增设文化特区，以促进环境改善（Vans，2000）。

　　但是，老工业区转变成休闲娱乐区需要有计划地对旅游景区及其相关设施进行投资，而且需要对城区进行重新规划，创造和改变城区的空间结构，增添新的现代化的吸引人的休闲娱乐设施，提高区域和城市的形象。只有把工业化的负面影响（如过时、陈旧、重工业、污染等）变成后工业化形象特征（未来、新潮、休闲娱乐、环境优美和消费等联想），这一区域才可能吸引投资和游客。

　　在城市改造的工程中，西方国家通常的做法是开辟一系列的休闲娱乐场所，集中一些文化、休闲、娱乐、旅游产业，以供人们进行休闲娱乐活动。这些休闲娱乐区域位于城市的中心或边缘地区，有的城市则开辟了新的开发区。城市文化休闲娱乐区有些依托原有的旅游吸引物，但更多的模式是通过重组、改建，把休闲娱乐业、零售业、酒吧、饭店和历史名胜等结合在一起。

附：案例——格拉斯哥的城市改造复兴[1]

　　克莱德河畔的格拉斯哥是 19 世纪初英国最大的工业城市，是纺织、机车制造、造船、钢铁、重型机械制造等工业部门组成的"工业复合体"。在 1909—1914 年，格拉斯哥生产的船舶不少于全世界总产量的 21%。1914 年格拉斯哥成为大英帝国的第二大城市。然而进入 20 世纪以来，特别是第二次世界大战后，由于英国经济的转型，制造业衰败，失业率上升，加之郊区化使城市中心人口迅速减少，空置、废弃和被污染的土地增多，损害了格拉斯哥作为居住地和投资选择地的优势。这座历史上曾经辉煌一时的工业城市于 1960 年后出现了严重的衰退，成为一座衰败的城市。

　　格拉斯哥从 20 世纪 80 年代开始实施复兴政策，以发展服务业为目标

---

[1] 资料来源：http://baike.baidu.com/view/55425.htm。

的中心城区改造项目也随之确立。公共机构投资改造旧的工厂、仓储建筑并出租房屋，改善公共空间，提升文化品位，开发新的旅游设施，以求重新聚拢城市的"人气"。

从 19 世纪 80 年代开始，尤其在市中心及其周边，私人投资旅馆、酒吧、饭店、超市、现代剧院、夜总会和时尚公寓的活动有增无减；与此同时，一些居民的生活方式发生变化，花在服装、娱乐、周末休闲和市中心生活的时间持续增加。在旅游、生活和游乐方面，格拉斯哥均当之无愧地成为一个令人兴奋甚至是迷人的时尚城市。由公共投资建设的博物馆、艺术馆、音乐厅和会议中心使这座城市更具吸引力，这些都是格拉斯哥作为一个消费型城市复兴的象征。

格拉斯哥市政府的主要政策在于进行产业结构转型，以发展高端的具有高附加值并能产生长期效益的第三产业为主导，例如软件业，高新技术公司，创造性行业如设计、媒体和音乐。

棋盘式整齐的街道，宏伟的维多利亚式建筑，16 座博物馆，20 世纪初现代派建筑大师麦金托什留下的 12 座建筑杰作，加上众多新建的音乐厅、剧院和会议中心，构成了今天格拉斯哥中心区极富魅力的城市景观骨架。私人投资的酒吧、旅馆、饭店、夜总会、商场和时尚公寓持续增加，为"骨架"增添了血肉和细节。作为一个消费型城市，格拉斯哥已经全面复兴，成为英国第二大零售中心和第三大海外游客造访中心，每年吸引的游客超过 300 万。2005 年，The Big Issue 杂志将格拉斯哥评选为"全英国最酷的城市"。

20 世纪 90 年代后期，英国在国际上首倡"发展创意产业"的国策，格拉斯哥抓住这一契机，力图建设一个更富竞争力的国际都市。"克莱德河滨重建计划"因此被提上日程。这个项目又被称作"一条河流的重生"，希望把克莱德河打造成一条活跃于当地居民生活之中、外来投资客和游客视野之中的河流，进一步提升格拉斯哥的国际影响力，与周边经济势力不断增长的爱丁堡连接起来，形成贯穿苏格兰中部的新经济走廊。

在格拉斯哥的复兴历程中，休闲娱乐产业起到了决定性的作用，这对我国当前面临城市产业结构调整的大中城市有积极的借鉴作用。

4.3　影响文化休闲娱乐区发展的因素分析

作为城市经济发展的一种重要空间形态，城市 CRD 的产生和发展不是城市发展的偶然结果，除了上一节我们讨论的城市 CRD 形成的宏观背景机制，它的发展还与具体的城市条件和城市内部更为具体的如区位条件、自然资源尤其是旅游资源条件、经济条件、文化条件、产业发展等条件有着极其密切的关系。下面我们将逐一具体讨论。

4.3.1　资源

4.3.1.1　自然资源

根据区域经济学理论，自然资源（包括城市自然条件在内的自然环境）对城市建设和第三产业的布局影响很大。在一定的经济、技术条件下，不论是地区组合，还是企业规模、产业布局无不受地区资源禀赋的制约。但是，随着人类社会的进步，人类经济飞速发展，科学技术日新月异，在现代经济条件下，企业区位选择开始摆脱资源的制约，自由度增大，主要体现在以下两个方面。

（1）技术的进步改变了自然资源的经济意义，改善了各类矿物资源的平衡状况和地理分布，距离因素对产业区位选择的影响减弱，运输的制约性降低，因而扩展了产业布局的地域范围，使产业布局的自由度加大。

（2）工业社会由于处于资源经济时代，资源的有效供给决定着企业的命脉，而在知识经济时代，自然资源不再是产业发展的唯一需要，产业发展更多需要智力资源和社会资源（包括资金、制度、劳动力、文化、管理等）。因此，在有限的自然资源减少和衰竭的同时，智力资源和社会资源变得更加丰富，企业区位选择的自由度更大。

城市，特别是大型城市，集中了人类最先进的生产力，是人力资源最充足的地方，是高新技术汇集的区域，也是各种资源最丰富的地方，更适合第三产业尤其是文化创意产业的发展。与此同时，自然环境也影响着城市的职能发挥，随着科学技术的进步和可持续发展战略的实施，人类对城市的环境建设要求越来越高。除了满足城市建设中的用地用水等必备条件外，优雅的环境、清澈的河流、美丽的山峦，都成为城市建设必不可少的条件。

4.3.1.2　文化资源

文化资源是指前人所创造积累的文化遗产库和今人所创造的文化信息的总和。文化资源禀赋是一个地区一切可以用于文化发展的存在对象。文化资源是能够突出原生地区的文化特征及其历史进步活动痕迹，具有地域风情和文化传统价值的一类资源。文化资源可以分为有形文化资源与无形文化资源。有形文化资源是文化产业的基本载体，它包括历史文化遗产，独特的自然景观、主题景点，具有鲜明民俗文化、地域文化特色的工艺品和饮食文化资源，以及文化设施和设备资源等。无形文化资源是文化产业有别于其他产业的重要特征，也是体现文化休闲娱乐区独特的精神气质、吸引消费者的魅力所在。无形文化资源包括语言文字、乡土风情、文学历史、民族音乐、宗教文化、民族节庆、神话传说、舞蹈和创新型的智能文化资源（如强调脑力的电子游戏）等内容。

总之，区域文化资源影响了文化休闲娱乐区的主导产业，直接关系该地区的竞争力，是城市 CRD 产生和发展的重要因素。

4.3.2 经济因素

4.3.2.1 市场因素

如前文所述，克里斯塔勒和廖什等学者分别从不同角度研究了市场因素对产业区位的影响。随着经济的不断发展，影响产业的区位因素日趋复杂，但市场因素仍是分析产业集聚区位的重要因素之一。区域经济学理论认为市场因素对产业区位选择的影响，是产业部门最终确定布局地点的重要依据。市场需求量和市场价格，是产业区位选择的宏观前提。当今市场因素的集中表现是消费区成为产业区位选择的首选地。市场因素是对第三产业影响最大的因素。现下，第三产业是发展最快的产业，发达国家的第三产业产值高达 GDP 的 70%。第三产业是消费区产业，它的发展由人口数量和人均收入水平决定。

文化、休闲、旅游产业都属于第三产业，它们在 CRD 区域内能够形成高度的集聚效应。从现实来看，目前世界各国较有影响力的文化休闲娱乐区主要集中在第三产业发达的大都市中，规模大小不等，且分布不均。由此可以得出结论，文化休闲娱乐区需要建设在符合特定条件，对文化、休闲、旅游有市场需求的区域，而非任何区域都能够建成和发展 CRD。影响文化休闲娱乐区的市场因素主要有居民收入水平、人口数量等。

（1）区域经济收入是衡量一个地区是否具有形成和发展文化休闲娱乐区的基础条件，区域居民的收入水平影响着区域居民的消费水平，进而直接影响文化休闲产品的数量和质量。按照马斯洛的需求层次理论，只有当人们的收入超过一定数值后，随着生活水平的不断提高，娱乐、休闲等文化产品的需求才会逐步增加。人均 GDP 关系到文化休闲娱乐区是否具有足够的消费者来支撑和拉动经济发展。国外的发展经验已经显示，当人均 GDP 超过 1000 美元时，社会消费结构开始向发展型、享受型升级；人均 GDP 达到 2000 美元以后，居民对文化、教育、娱乐、消遣等休闲型精神消费会有更多的需求。2004 年，美国加利福尼亚大学教授阿伦斯科特指出，各种各样的文化经济都受到恩格尔定律的影响和制约，根据恩格尔定律❶，一个区域的居民家庭收入越多，家庭收入中（或总收入中）用来购买食物（基本生活资料）的支出所占的比例就越小；相应来说，如果一个城市内的居民收入越高，其用于文化休闲消费方面的支出占收入的比例就越高，越能够支撑起一个大的文化休闲市场。

（2）区域人口数量。人是经济活动的主体，无论是作为消费者还是生产者，都对经济活动起着十分重要的作用。尤其是作为消费者，人口的数量在一定程度上决定了文化休闲市场的规模，以及对文化休闲产品的需求量，通常说来，在其他条件相同的情况下，人口越密集的地方对文化休闲产品的需求量越大。

值得注意的是，我们不仅要关注区域内人口的数量，而且要关注人口的素质（质量）。由于文化休闲娱乐区内产品（尤其是文化产品）的特殊性，它对消费者的素质要求比较高，比如在对一些艺术区（如 798 艺术区）内的音乐和书画作品进行观赏和消费时，需要消费者具有一定的鉴赏能力。文化商品本身的性质决定了它主要是满足人们精神需求的产品。通常人们的文化程度越高，追求个人素质全面发展的意识和欲望就越强，对文化艺术商品的需求量就越大，参加艺术休闲活动的积极性也就越高。根

---

❶ 所谓恩格尔定律是 19 世纪统计学家恩格尔根据统计资料，对消费结构的变化得出的一个规律，其内容是：一个家庭收入越少，家庭收入中（或总收入中）用来购买食物的支出所占的比例就越大，随着家庭收入的增加，家庭收入中（或总收入中）此项支出所占的比例就会降低，"推而广之，一个国家越穷，每个国家的平均收入中（或平均支出中）用丁购买食物的支出所占比例就越大，随着国家的富裕，这个比例呈下降趋势"。

据世界旅游组织的调查，受教育程度高的人群比受教育程度低的人群更喜欢旅游活动。因此，区域居民的文化素养会影响区域内文化休闲产品的消费水平、消费观念以及消费结构。经济发达和文化程度高的区域往往能够吸引文化休闲产业的聚集，发展成文化休闲娱乐区。

4.3.2.2　产业关联因素

文化休闲娱乐区是文化产业和旅游业、休闲业等产业的共生区域，均属于第三产业，都是关联度较强的产业，具有强大的前后影响力和旁侧影响力。因此，文化产业和旅游产业在集聚的过程中需要考虑与上游产业和下游产业之间的关系。以旅游业为例，旅游产业以旅游产品为核心链接外围层和相关层的其他产业，而且还能对核心层的其他产业产生影响。旅游产业事实上是若干个子产业（旅行社、交通部门、餐饮、酒店、景区景点、旅游商店、旅游车船以及休闲娱乐设施等）构成的一个产业集合。在这个产业集合内部，不同的子产业相互关联，或间接、或直接地发生组合，再与非旅游产业发生联系。从整个旅游过程来看，从游客旅游过程的始端到终端，众多的旅游子产业协同其他相关联产业，如文化创意产业、商业、保险业、通信业、广告媒体业等，向旅游者提供产品和服务来满足游客的各种需求。巴黎、纽约、北京、香港等城市之所以成为旅游产业集群中心，不仅因为这些大都市有着独特的旅游景点资源和大量的高收入人群，同时也因为这些城市是上下游产业和相关产业高度集聚的区域。

4.3.2.3　资本因素

在区域经济学理论中，资本因素是现代经济发展的决定性因素之一。经济增长是资本投入的函数，区位的形成需要资本的集聚，资本在某一地域的大量集中会引起劳动力向该地域流动，从而带来劳动力的集聚，当资本和劳动力同时在该地区高度集中时，这一地区的产业集群就形成了。著名的文化休闲娱乐区一般出现在较大的都市中，这主要是因为城市发展到一定阶段具有一定的资本积累后，会出现改善居住环境和完善城市休闲功能的要求，这些城市自然而然地会进行产业转移，向第三产业（服务业）转移倾斜，文化休闲娱乐区应运而生。外部投入资金（主要是金融资本）对于文化休闲娱乐区区位有着更为显著的影响。当代文化休闲产业发展的一个突出特点是投资规模越来越大，没有资本市场的支持，文化休闲产业就难以形成产业化运作。有些城市即使没有优质的旅游、文化资源基础，但是经济发达，市场运作能力强，科技水平高，富有创新能力，也可通过对该地区的巨额投资，建造人造景观、创意产业园区等来形成文化休闲娱乐区，比如闻名全国的深圳"华侨城"。

4.3.3　社会条件

4.3.3.1　人力资源因素

传统区位理论认为，劳动力的数量和质量（熟练程度）的地理分布是确定产业区位的重要参考因素，由于区域产业布局不仅涉及一个部门或一个企业，也涉及一组企业或几个部门，这些部门或企业对劳动力的要求也不尽相同，对劳动力的数量、质量和价格等方面都提出不同的要求。劳动力的质量对产业区位选择的影响是综合性的，对某些产业则是限制性的。例如，作为城市 CRD 的主导产业之一的文化创意产业，就是一个以创意为主体的知识密集型产业，人力资源的作用显得尤为重要。创意是文化产品成功与否的关键，劳动力作为文化产业生产要素的实质是劳动力的高素质。从不同产业对高素质（高技能）人才数量的要求来看，一般的劳动密集型产业要求专业化特殊人才的比例为 4%～5%，而文化创新产业则需要到达 15%～20%，或者更高。因此，高素质劳动力的地域分布才是决定

CRD 成功与否的关键。人才质量对新兴产业发展的贡献越来越大，当今区域经济的竞争在很大程度上已经转变为人才素质的竞争。因此，一个区域要想发展成为文化休闲娱乐区，首先必须具备一定数量的高素质专业人才。这些高素质文化人才对周边环境（生活环境、工作环境、社会文化环境等）有着较高的要求，所以，文化休闲娱乐区往往需要建设在大城市及其周围地区，因为只有这些区域才能提供便利的基础设施、良好的生活居住条件以及开放、自由、创新的工作氛围等综合环境，从而吸引和留住高质量劳动力。文化产业的人才结构、人才规模、人才质量和人才培养都存在空间上的差异，这些都必然导致文化产业空间分布上的差异。

4.3.3.2 政府态度和政策因素

现代区域经济学研究，就是将经济活动放入区域特定的社会、文化与制度环境中进行考察和分析。从世界各国的经济发展历史来看，一个国家和地区政府所制定的产业政策、产业法律法规以及产业监管措施，都是制约一个地区产业发展的重要因素。特别是针对某一行业的优惠政策，对于该行业在这一地区的集聚和发展会产生强大的吸引力。政府的支持是城市CRD 发展必不可少的重要条件之一，城市 CRD 的发展往往是城市政府为了适应市场的需要而发起并管理的。从现实来看，目前世界各国著名的文化休闲娱乐区主要集中于大都市，并且呈现出明显的不均衡分布现象。这说明城市 CRD 的建成具有选择性，需要特定的条件，并非任何区域都能够形成集聚。一个城市发展的总体规划和城市定位都由政府制定，政府的决策往往影响整个城市的发展方向和投资开发商的经营方向。

4.3.3.3 区域文化氛围和居民态度

如上所述，城市 CRD 的主导产业，主要是与文化息息相关的如旅游、休闲、娱乐产业，文化在城市 CRD 的发展过程中起到画龙点睛的作用。一个区域内的文化氛围，也决定着这个地区能否成为文化休闲娱乐区。文化氛围是一个区域蕴含在环境与气氛中的文化现象与文化特征。文化氛围的宽容性对于旅游产业的发展十分重要，佛罗里达（Florida, 2002）曾提出文化经济发展的"3T 原则"，即宽容（Tolerance）、技术（Technology）和人才（Talent）。宽容是旅游产业发展必不可少的因素。在文化休闲娱乐区的形成过程中，随着其规模的不断扩大、业态的增加和知名度的提升，会吸引越来越多的旅游者涌入到该区域内，从而有可能造成商品物价上升、基础设施过度使用等问题，对本地居民的正常生活产生不良影响，损害当地居民的利益。此时，如果居民呈现出宽容和大度的态度，欢迎和接纳外来旅游者，对文化休闲娱乐区的建设和发展就能起到积极的作用。总之，一个地区有着比较开放和宽容的文化氛围，能够激发更多的创意能力和接纳不同的文化思潮，从而获得更多的流动资本，吸引更多的人才。区域内的文化氛围和居民的态度也是城市 CRD 能否建成的关键因素。

4.3.4　技术因素

技术因素是影响经济活动的最为重要的因素之一。尤其是在知识经济时代，随着科学技术渗透到经济活动的各个领域，技术对于第三产业尤其是服务业的影响更为突出。技术由于具有相互依存、累积和不可逆转的特征，从而影响了生产过程的性质、结构和组织，进而影响了区位决策。技术对产业区位选择的影响是通过技术进步来体现的。

首先，技术进步改善了产业本身的分布状况，由于生产工艺、运输技术、输电技术等方面的进步，降低了生产成本，扩展了时空范围，从而改变了产业分布的面貌。例如，信息网络等技术的发展打破了空间距离的阻碍，使跨地区、跨国家的交流能够轻易实现，这为不同地区的人们之间的交流创造了便利的条件。也因此，区域内的信息技术基础设施成为衡量发展文化产业的重要条件之一，它也决定了这一地区是否具有发展边缘文化产业、实现产业的梯度转移的能力，使城市完成从第二产业向先进的第三产业的跨越式发展。

其次，技术进步改变了产业的结构，新产业不断涌现，老的产业在新技术武装下被赋予了新内涵，它们所消耗的能源、原材料也发生了很大变化，因此，在产业区位选择上也出现了有别于以前的情况。技术的进步衍生出新兴产业，尤其是文化创意产业、休闲产业。例如随着电子技术的发展，电子游戏业从无到有，目前已发展成为年产值几百亿美元的行业，成为文化休闲产业中的重要组成部分。由于创意产业属于智力经济，它在区位选择上会倾向于智力密集的具有丰富人力资源的大中城市。

由此可见，先进的科学技术带动了城市 CRD 的发展，而城市 CRD 的不断成熟也催生了新的科学技术的诞生。

4.3.5　交通运输

在区域经济学理论诞生的很长一段时间里，距离因素一直是产业区位选择的最大因素，在传统农业区位理论和工业区位理论中，降低运费是降低产品成本的关键，因此距离因素是最主要的区位因素。在当今社会中，由于科学技术的突飞猛进，运输手段日益现代化，运送货物的速度加快的同时，相对成本也得到降低。但是，站场和港口附近对企业区位选择的吸引力仍然很大，这说明运输条件本身仍然是吸引企业布局的一个重要因素。

针对城市 CRD 而言，区域内部的交通完善程度和区域与外部的交通连接程度直接影响文化休闲娱乐区的形成和发展。城市内大量的人流、物流、经济贸易活动的进行均需要交通的连接，所以，交通建设直接关系区域的经济发展，是城市 CRD 得以建立和发展的经济基础。除此之外，衡量

CRD 的可达性就是考察交通的完善程度，现代大都市的城市面积延展较大，人们居住的范围较广，加之生活节奏快、生活压力较大、时间成本较高，在这种情况下，交通的完善程度直接影响客源对城市 CRD 的选择，关系到 CRD 的客流量。CRD 区域外的可达性强，交通便利通畅，是文化休闲娱乐区具有充足客源的前提。而 CRD 区域内部的交通是景点与景点之间的链接，它的便捷与否直接关系到消费者能否在 CRD 区域内部自由活动，从而扩展游览的空间范围，节约游览的路途时间，给消费者一次圆满的旅游体验。因此，交通和运输条件是城市文化休闲娱乐区能否形成和发展的重要因素。

第 5 章　北京市文化休闲娱乐区的发展

5.1　北京市文化休闲娱乐区的
发展现状与发展背景

5.1.1　北京市建成宜居城市的需要

2004 年，北京市公布了《城市总体规划（2004—2020）》[❶]，此次总体规划提出，北京的城市性质为"北京是中华人民共和国的首都，是全国的政治中心、文化中心，是世界著名古都和现代国际城市"。北京的城市目标明确为"国家首都、国际城市、文化名城、宜居城市"。在这个总体规划里，"宜居城市"概念首次在国内提出，这是北京未来的城市发展方向，是国家对北京的定位。

但现实里，北京距离宜居城市有很大的差距，根据国内外有关机构发布的宜居城市评比报告，可以看出北京与宜居城市的差距主要体现在以下3 个方面。

---

❶ 资料来源：http://www.bjghw.gov.cn/ztgh/.

74

（1）休闲娱乐方面。在美世人力资源咨询公司（以下简称美世）提出的可供比较的 8 个单项指标中，北京在休闲娱乐方面的得分最低，仅为 56分，不及纽约的 60%，比东京低 35 分，比上海还低 14 分。这反映了外国人认为北京在艺术演出活动、休闲娱乐设施方面的差距是阻碍其建设宜居城市的重要理由❶。中国科学院地理科学与资源研究所发布的《宜居城市蓝皮书：中国宜居城市研究报告（北京）》也显示居民对北京人文舒适度的打分只有 61.91 分。

（2）市内交通方面。美世的资料显示，北京与东京在基础设施方面相差 26 分，与纽约相差 23 分。它的基础设施指标包括交通、水、电信等❷。《宜居城市蓝皮书：中国宜居城市研究报告（北京）》指出，北京市居民对"交通通畅状况"的评分低于 60 分，是调查中居民最不满意的指标之一。由此可见，交通的拥堵状况已经成为制约北京建设宜居城市的重要因素。

（3）生态环境方面。与世界上一些国际大都会相比，北京的空气污染严重，绿化状况差。《宜居城市蓝皮书：中国宜居城市研究报告（北京）》指出，大气污染和噪声污染是影响居民生活质量提升的重要制约因素。

为了使北京成为"宜居城市"，建设北京市文化休闲娱乐区成为一项重大举措。首先，北京市文化休闲娱乐区可以提供给当地居民和外来游客丰富的休闲娱乐活动，弥补北京现有的休闲娱乐设施不足的局面，缩小其与国际大都会在精神生活方面的差距，增强北京的现代人文底蕴。其次，可以缓解市内交通情况，北京市现有区县内明确提出以旅游休闲产业为主导产业的有石景山区、门头沟区以及原崇文区，石景山区于 2004 年宣布建设文化休闲娱乐区，北京 CRD 的主体选择在石景山区，建成后可以分流五环内的车辆。最后，为了改善北京的生态环境，北京市最重要的工业企业之一——首钢迁出了北京。首钢搬迁后，石景山区面临产业结构调整，建

---

❶ 资料来源：http：//theory.people.com.cn/GB/49154/49156/5265321.html.

❷ 同上

设文化休闲娱乐区便成为其新生的机会。

5.1.2 北京市调整经济结构的需要

北京市经济的结构性调整进入新的阶段是发展文化休闲娱乐区的最主要现实背景。当前，为适应科学发展观的总要求及将北京发展成为国际性都市的号召，结合正在形成的新一轮国际产业转移浪潮，北京市的产业结构调整正向都市国际化、经济服务化、区域一体化、产业轻型化方向迈进。这意味着北京将形成以知识经济为导向，第三产业为核心，高新技术产业和现代服务业双轮驱动，现代制造业适度发展的产业发展格局。传统高耗能、耗水工业和制造业在首都经济中的地位不断下降，一系列传统工业企业面临搬迁、改造和技术升级，第三产业全面开放的格局业已形成，金融、保险、通信、会展、旅游、新闻传媒、专业商务服务等现代服务业步入了快速发展时期，成为首都经济最重要的增长点。

5.1.3 北京市社会经济发展的需求

早在 2006 年，北京市的人均生产总值就突破了 6000 美元，第三产业比重达到 70%，恩格尔系数下降到 30% 左右❶，如果剔除食品价格上涨因素的影响，则恩格尔系数小于 30%。按照联合国粮农组织提出的标准，恩格尔系数在 50% ~59% 为温饱，40% ~50% 为小康，30% ~40% 为富裕，可以说北京市居民整体上实现了生活由小康阶段向富裕阶段的转变，消费者的需求结构发生了根本性变革，消费质量正朝着更高的方向迈进。生活休闲化、居住郊区化、生活健康化、出行机动化、欣赏品位化成为北京市社会发

---

❶ 资料来源：http://www.nxdrc.gov.cn/ONEWS.asp? id = 1615。

展的长期趋势，居民对休闲、健康、文化、旅游产品与服务的需求与日俱增，建设文化休闲娱乐区可以更好地满足人们对高品质生活的需求。

5.1.4　北京市老工业区产业转型的需要

北京市新的发展规划指出，北京要建成为世界城市和宜居城市。宜居城市是指气候条件宜人、生态景观和谐、适宜人们居住的城市。良好的生态环境是建成宜居城市的根本条件之一。众所周知，首钢是北京市大气污染的重要污染源之一，其厂区距天安门只有 17 千米，对北京市区的空气质量产生了严重影响。据环保部门分析，首钢搬迁能让北京市每年减少 1.8 万吨可吸入颗粒物。而且，钢铁产业是高耗能的产业，而北京的淡水资源相对匮乏。为了节约能源，治理环境污染，根据国家发改委对首钢集团整体搬迁方案的正式批复，首钢集团从 2007 年起逐步从北京市石景山区迁出。首钢搬迁是首都功能完善的趋势和必然要求，它带来的不仅是挑战，更是发展的契机。石景山区将完成第二产业转置成第三产业的进程，文化休闲娱乐区为它的产业置换指明了发展方向。

5.2　建设文化休闲娱乐区的重要意义

5.2.1　完善北京市城市功能的必要手段

休闲娱乐是现代城市重要的基本功能之一，国际大都市无一例外都建有能够体现城市文化风格、汇聚一流文化娱乐设施的中心区域。北京的城市目标明确为"国家首都、国际城市、文化名城、宜居城市"，重视体现城市发展水平的休闲娱乐区建设是北京建立现代化国际大都市的客观需要。现在的北京是全国的政治、文化中心和对外交往的中心，也是有着3000年历史的古都，其历史积累深厚，文化内涵丰富，人文景观和自然景观兼备，这是北京的宝贵财富。但若想发展成为纽约、伦敦、巴黎那样的世界城市，北京的城市功能发展还要进一步解放思想，扩大视野和开放度，面向世界，面向未来。在不断加强自身在国际金融、政治、科技、文化、国际交往等方面影响力的同时，北京还要完善休闲娱乐的功能，因为国际大都市在客观上需要休闲娱乐区，许较发达的西方国家的一些国际性大都市多建有供本国人民和外国游客休憩的休闲旅游娱乐区，这是城市文明的一个重要体现。

5.2.2　建设休闲娱乐区是发展首都第三产业的内在要求

北京已经提出要成为全国的知识经济中心，这进一步明确了北京的经济发展方向。大力发展第三产业是切合北京实际情况的最佳选择。第三产业（尤其是高新技术产业和休闲服务产业）充分体现了北京的城市性质和功能，是既能保持较高增长速度，又体现较好效益的产业。CRD的建设集旅游、休闲、购物及餐饮等产业为一体，提升了北京市旅游市场的档次与品质。通过增加公共游憩设施配套的投入，优化了周边环境，从而提升整个区位的品质，形成品牌资源，并提升了区位价值。

5.2.3　积极培育新的经济增长点，完成旧城区改造产业结构的调整

正如沃尔夫（Michael J. Wolf）在20世纪末提出"娱乐经济"概念时

所强调的，娱乐因素已成为产品与服务的重要竞争关键❶。娱乐是都市旅游产品的重要组成部分，是延长旅游者逗留时间、提高旅游消费的数量与质量的重要手段，也是会展业不可或缺的配套服务。北京市规划发展成为世界城市，需要提升北京的都市旅游品质与内涵，发展新经济。同时，文化休闲娱乐区的建成可以使石景山区在首钢搬迁后，完成对旧工业区的改造。

5.2.4　对北京市城市交通的影响

城市 CRD 的发展会对城市的交通产生很大的影响，主要体现在城市内部到达之间的交通影响。北京市文化休闲娱乐区的发展，尤其是石景山区的发展，将会吸引大量的客源，这将严重影响城市交通的流向与流量，并使交通密度大大提高。石景山区加强交通基础设施的建设，可以使人们快速而便捷地从市区到达文化休闲娱乐区，同时也能分流北京五环以内的人流，缓解交通压力。文化休闲娱乐区的发展能够带动交通的发展，而交通的发展则反过来进一步促进了文化休闲娱乐区的繁荣昌盛。

5.2.5　引导北京市人们新的休闲需求

北京市文化休闲娱乐区的供给引导了一种新的休闲需求，创造了一种更有意义的闲暇方式。北京市文化休闲娱乐区的建设应充分认识为市民提供有意义的闲暇生活的重要性，唤起人们追求高品质生活的愿望，开展有益身心健康的新型文化休闲娱乐活动，为活动提供必要的载体，以此来刺

---

❶ Michael J. Wolf. 娱乐经济——传媒力量优化生活［M］. 黄光伟，邓盛华，译. 北京：光明出版社，2001.

激文化、休闲、娱乐产业的发展，引导人们明智、科学地利用闲暇时间，使闲暇时间变得更有意义。

5.2.6　充实北京市区休闲娱乐的内容

北京拥有许多旅游资源，但是现代化的休闲娱乐场所并不多，闲暇需求与设施供给矛盾日益突出，市区休闲娱乐中心具有很大的开发潜力。北京作为一个超大城市，人口众多，生活节奏紧张，人们在忙碌的工作之余，需要大型的休闲娱乐场所来释放工作压力，享受现代化的生活。文化休闲娱乐区充实了市区休闲娱乐的内容，解决了市区闲暇需求与供给之间的矛盾，完善了休闲娱乐的空间体系。北京市文化休闲娱乐区对区域功能中的文化功能特别重视，在规划和建设中充分考虑以人为本，满足居民对文化设施的需要，使广场、公园步行系统、购物中心、游乐园、博物馆、主题公园、体育场馆和自然游憩地等空间相互配合，突出北京的文化底蕴和现代特征，提升城市的整体形象，使其焕发时代的光彩。

5.2.7　对北京市城市环境的影响

北京市把发展成宜居城市作为城市规划的目标之一。但是近些年来，随着城市经济的高速发展，空气污染、环境恶化、交通拥挤、生活质量下降等诸多环境及生态问题频繁出现。北京市文化休闲娱乐区的建设能够促使城市向"山水城市"发展，因为它注重居住环境、文化氛围，是集文化、娱乐、观光、休闲于一体的"人本主义文化休闲娱乐区"。文化休闲娱乐区的建成能改善北京市城市环境，使其成为真正的宜居城市。

5.3　北京市文化休闲娱乐区发展条件分析

5.3.1　文化资源

北京是一个有着 3000 年历史的古都,是中国的政治、经济、文化和国际交往中心,在全国乃至全世界的影响力都是一般城市无法比拟的。作为首都,北京具有特有的功能优势,担负着对外交往和政府决策的首都功能,由此形成的国际化资源、政府政策资源和信息资源也是其他城市无法可比的,这对于目前政府仍占主导地位的经济运行模式显得尤为重要。

北京具有悠久的历史和深厚的文化积淀,还有丰富多彩的自然资源,同时也是现代科技文化传播的重要集散地,其丰饶的旅游资源在国内和国际上都享有很高的声誉,为北京发展文化休闲产业提供了坚实的基础和长足的动力。

北京的文物资源底蕴深厚,种类繁多。有以故宫、颐和园为代表的皇室文化,以 "798" 为代表的现代创意文化,以雍和宫为代表的宗教文化,以前门大街、南锣鼓巷为代表的传统民俗文化,以东方广场为代表的现代商业文化,还有北京郊区的乡村文化。在北京,传统与时尚和谐交融,处处彰显其大都会的风采与气质。

5.3.2　经济条件

(1) 与文化休闲娱乐区配套的知识型服务业发达。根据联合国国际标准产业分类,共有 7 个门类、3 个大类、30 个中类涉及知识型服务业。知

81

识型服务产业具有知识要素投入密集、增值度高、附加值高等特点。北京市主要有7大知识型服务业：会展与机构服务业、现代金融服务业、研发与技术服务产业、教育培训产业、文化传媒产业、专业服务业和医疗保健产业。

（2）社会消费结构的升级为文化休闲娱乐区提供了发展的沃土。文化休闲产品属于高收入弹性的消费品，因此一个国家居民的收入水平和消费偏好决定了一项文化产品是否具有市场潜力。据联合国教科文组织的数据显示，国民收入与文化产品的消费量有密切的正相关关系，与这些国家的文化产业竞争力也是正相关关系。北京市的消费结构已表现出明显的富裕型特征，休闲娱乐等文化性消费增速明显。2013年，北京市城镇居民人均消费支出26275元，同比增长9.3%，其中，城镇居民人均服务性消费支出8310元，同比增长19.2%，增速比2012年提高9.8个百分点；城镇居民服务性消费在消费支出中所占比重达到31.6%，比2012年提高2.6个百分点。北京市城镇居民服务性消费增长迅猛的主要原因之一，是北京市居民家庭休闲旅游、文化娱乐等活动日益丰富，文娱、交通等支出迅速增加；以休闲娱乐、教育、旅游为代表的娱乐型、智力型、发展型文化消费已成为北京市居民生活的重要组成部分。

（3）休闲娱乐消费增多，旅游健身成为时尚。2013年，北京市城乡居民人均文化消费支出占人均消费性支出比重分别为15%和9%左右，与发达国家相比并无差距，尤其是旅游、健身等文化消费快速兴起，旅游作为人们精神生活更高层次的享受，正成为居民的主要休闲方式。据调查，在时间、收入足够充裕的情况下，北京市市民中有82.3%的被访者最希望外出旅游，外出旅游、健身锻炼成为时尚。从2008年到2013年的6年间，北京市城镇居民人均团体旅游和健身活动消费年均增长21.5%和18.5%；农村居民人均旅游消费支出年均增长21.8%，均明显高于消费性支出的整体增速。

5.3.3　基础设施条件

北京市交通条件与市政条件优越。北京是全国和国际交通枢纽中心，拥有国内最大的民用机场和最大的两个火车站。北京是全国铁路的枢纽，以北京为中心向四面呈辐射状的国道及首都环线国道共有 12 条；城市内形成路网，四通八达，拥有全国最长、最复杂的地铁运输网。自 2001 年以来，北京市主要完成了城市交通、能源基础设施、水资源、城市建设等 4 个方面的重点基础设施建设。例如：环境控制的统一化与标准化，使北京的环境质量在 2008 年奥运会前后体现了质的飞跃；气象活动的可操控化；地铁等公共场所增加安检设施及安检人员，保障活动安全，等等。

5.3.4　人力资源条件

在知识经济时代，人力资源作为知识和创新的源泉，成为竞争的焦点。北京市经过几十年的发展，已经具备了发展先进的第三产业的条件，特别是在技术、人才、科技、信息、旅游等领域存在资源禀赋优势。北京拥有丰富的人才与信息资源。在北京市人口中，大专以上文化程度的人数占就业人数的比例约为 1/3，在全国名列第一。北京地区是全国最大的教育基地，高校云集，博士培养规模占全国的 1/3，硕士培养规模占全国的 1/5。北京地区获国家级奖项约占全国的 30% 左右；中国科学院、中国工程院院士一半以上分布在北京市科研院所和高等院校；北京拥有各类专业艺术剧团 33 个；分布在北京的出版社数量占全国总数近半；每年几百场各类新闻发布会、企业产品促销会、展览会等均在北京召开，信息量大；北京的世界文化交流活动频繁，旅游资源丰富。大量高水平创意单位的存在，能吸引更多专门化的辅助生产者和专业人才的加入，从而实现规模经

83

济和集群效应。

5.3.5　2008 年北京奥运会促进文化休闲娱乐区的发展

5.3.5.1　奥运会对城市的影响综述

奥运会的成功举办对举办城市的政治、经济、体育、环境等方面的多元化发展将产生巨大的影响。奥运会对举办城市产生经济影响的大小与其对奥运会进行的投资大小关系密切，在边际成本内，投入越大，产生的经济影响越大[7]。纵观近年来奥运会的后期效应（表 5 - 1），尽管各个产业的发展情况不同，但从长远来看，对举办地经济发展大都起到了积极的推动作用。

表 5 - 1　1988—2004 年奥运会的影响效应

城市	总体经济形势	房地产业	重要服务业	长期影响
汉城（首尔）	继续保持高速增长	赛后新区房地产开发过热出现泡沫，通过政府调控，1992 年后价格逐渐下降，产业利润率下降	游客人数持续高速增长，宾馆业短期下滑，回升速度快	国际知名度提高，推动了汉城（首尔）及韩国经济的持续发展
巴塞罗那	经济下滑，1995 年以后逐渐好转	赛前商业房地产泡沫严重，赛后价格大幅下跌	游客数继续增长，宾馆投资过热，赛后经营收益下滑	国际知名度提高，旅游业得到长足发展
亚特兰大	经济发展平稳	中心区房地产良性升值	酒店业衰退，体育产业发展迅速	城市形象提升，促进了经济持续稳定发展
悉尼	经济发展增速放缓，投资出现大幅下滑	奥运会后一两年泡沫明显，之后由于思路调整，逐步走向健康发展	旅游业继续保持平稳增长，会展和奖励旅游是旅游业中盈利状况最好的部门	促进了澳大利亚旅游业和服务业的长期发展
雅典	经济发展增速放缓，投资增速下降幅度较大，整体经济形势良好	—	旅游业正在进行结构调整，发展形势比较乐观	奥运会载入史册，奥运遗产丰富

资料来源：数据根据历届奥运会组委会报告整理所得。

5.3.5.2　奥运会对北京建设国际化大都市的影响

　　未来北京的发展目标是"国家首都、国际城市、文化名城、宜居城市"，北京正努力建设成为世界性大都市，不断提高其在世界城市体系中的地位和影响。同国际大都市相比，目前北京市的经济发展水平亟待提高（尤其是文化创意产业），国际政治、文化、艺术影响力也与世界大城市纽约、伦敦、巴黎等有一定差距。为了达到成功举办奥运会所需的基础条件，北京在基础设施、场馆建设、环境质量等方面投入大量的人、财、物力资源。奥运会建设的目标实际上与国际化大都市的标准在很多方面是重合的，因此，它必定会加快北京成为国际化大都市的进程。

5.3.5.3　奥运会为北京市文化休闲娱乐区的发展提供了经济基础

　　首先，举办奥运会对经济结构优化升级具有较强的推动作用。举办奥运会，直接受益的是第三产业，特别是第三产业中与奥运经济关系密切的旅游业、餐饮业、社会服务业、体育产业、会展业、文化产业、房地产业、金融保险业、媒体传播业等行业，能够产生新的商机和明显的拉动作用。仅申奥成功后的 2002 年至 2007 年间，北京市的 GDP 年均增长速度为12.1%，比筹办奥运会前的增长速度高出 1.8 个百分点，而北京市每年GDP 的增长额中，有一个百分点是由奥运会贡献的。北京市第三产业增加值占地区生产总值的比重从 2002 年的 61.3% 提高到 2007 年的 73.7%，其中一个重要的因素就是其利用奥运会筹办之机，加大了产业结构的调整。

　　其次，全社会固定资产投资得到增长。奥运会比赛使用场馆 37 个，其中北京地区 32 个，京外地区 5 个。在北京的 32 个比赛场馆中，新建 19 个（含 6 个临时赛场），改、扩建 13 个。此外，改造 59 个训练场馆及配套建设以供残奥会专用。上述奥运场馆及配套设施建设的总投资约 252.5 亿元，与奥运会相关的城市基础设施建设总投资约283.5亿元，合计约为536亿元。奥运会投资能够使全社会固定资产投资的增幅提高3至4个百分点，奥运会期间全社会的固定资产投资将达到11%以上。

5.3.5.4　奥运会推动北京市文化休闲娱乐区硬件条件的升级

北京投入了大量资金来改善交通、通信、能源、城市基础设施及配套服务设施，治理环境污染和改善生态环境，努力建设成为一个环境优美、交通通信便利、旅游接待设施充足的现代化城市，为文化休闲娱乐区的发展提供良好的物质基础。而"鸟巢""水立方"等奥运场馆的建设还推进了亚奥区域等新功能区的建设。亚奥新区已经成为第29届奥运会留给北京的经济遗产，自发形成了新的以体育休闲为中心的文化创意产业集聚区。

5.3.5.5　建立城市形象

奥运会为北京吸引了世界的目光，积蓄了注意力资源，提升了城市的知名度，有利于在国际上塑造"中国品牌"，从而带动文化创意、旅游等产业的名牌效应。注意力资源和城市知名度是文化创意产业（尤其是会展业、旅游业、传媒业等）发展的一个重要因素。从申办奥运会到奥运会闭幕后的一段时期内，北京成为了全世界关注的焦点之一。成功举办奥运会极大地提升了北京在世界的美誉度。北京市文化创意产业因此受益匪浅。例如，得益于由奥运效益带动的广告收入，传媒业的商机在互联网等新兴媒体方面表现得尤为突出。据搜狐等国内4家门户网站分别公布的业绩报告显示，搜狐、腾讯、网易、新浪在2008年第二季度总收入分别同比增长了162%、92.5%、42.38%和53%。旅游业也收获颇丰，2007年北京市共接待海外游客达435万人次，同比增长11%，旅游的外汇收入达到了45.8亿美元，同比增长13%左右。总之，奥运会的成功举办大大提高了北京的国际知名度和影响力。

5.3.5.6　奥运会成功举办给北京旅游业、会展业一个广阔发展的空间

为了成功举办奥运会，北京市投资大量财力兴建了奥运场馆、奥运村、奥林匹克花园及相应的基础设施建设，这些奥运场地为此后开展会展活动、节事旅游、体育旅游等打下了坚实的基础。

截至 2007 年，北京市投入了 130 亿元建设奥运会相关的高规格的现代化体育场馆，其中包括新建场馆 12 个，改扩建场馆 11 个，建立临时性场馆 8 个，改造独立训练馆 45 个。在奥运会后，部分场馆为展览、会议、节庆活动等提供了有利条件。例如，由奥运会期间的击剑馆在会后改建成的国家会议中心，已成为国际性会议的首选场地，在一定程度上影响了北京市会议举办场所的分布结构。部分奥运场馆也被合理有效地用于节庆活动，鸟巢就是一个典型的代表。作为北京奥运会开幕式的举办场地，鸟巢作为节庆活动的举办场所有以下优势：首先，鸟巢是奥运会后的重要旅游资源之一，在一定程度上能够增加节庆活动的吸引力；其次，鸟巢具有良好的地理位置和现代化设施，是具有巨大承载力的优秀场馆；最后，鸟巢周边的配套服务设施齐全，并具有丰富的活动举办经验和较高的国际化水平。

表 5 – 2　2009 年北京奥运会相关场地举办节庆活动表

节庆活动名称	历史	分类	规模	地点	地区
奥林匹克森林公园游园会		旅游	国际	北京奥林匹克森林公园	朝阳区
第十一届北京国际旅游文化节	第十一届	旅游	国际	北京奥林匹克森林公园	朝阳区
爱心力量——北京慈善冰雪摇滚音乐节	第一届	艺术	市	北京奥林匹克森林公园	朝阳区
奥林匹克森林公园游园会		旅游	国际	北京奥林匹克森林公园	朝阳区
第二届奥林匹克公园冰雪嘉年华	第二届	旅游	全国	鸟巢	朝阳区

节庆活动名称	历史	分类	规模	地点	地区
2009 年 ROC 世界车王争霸赛暨首届北京国际赛车节车展	第一届	体育	国际	鸟巢	朝阳区
图兰朵"十一黄金周"活动		艺术	国际	鸟巢	朝阳区
第四届北京国际音乐节	第四届	艺术	国际	鸟巢	朝阳区
第七届北京市全民健身体育节	第七届	体育	市	鸟巢，奥林匹克景观大道	朝阳区
2009 年首届北京国际古筝艺术节	第一届	艺术	国际	国家体育馆	朝阳区
2009 年国奥休闲消夏节——彩灯园		旅游	市	国家奥林匹克中心	朝阳区
2009 年北京海洋沙滩狂欢节	第一届	旅游	景区	朝阳公园（奥运会沙滩排球赛场）	朝阳区
第六届中国数字地产节——暨2009 年中国房地产指数系统样本项目年度总评榜发布会	第六届	商务	国际	北京歌华开元大酒店（2008 年 4 月建成，奥运会期间新闻中心）	东城区

5.3.5.7 提高北京居民综合素质，培养会展旅游人才

在市民共同努力迎接奥运会的进程中，全市居民学奥运、学英语、学礼仪，提高自身素质，丰富文化知识，开阔视野，增进与外国人的交流与交往，增强了社会的稳定性和秩序性，为社会发展提供了有力保障。奥运会建立了志愿者团队和志愿者精神，为以后的相关活动奠定了非常好的志愿者服务机制，并且培养了大批举办会展、大型节事活动的专业性人才。奥运会志愿者工作的经济价值、社会价值、人文价值和精神价值重大而深远。在奥运会后，北京乃至全国的各类志愿者工作也相继顺利开展，尤其在会后的各类大型活动中发挥重要作用，例如国庆六十周年庆典活动、上海世博会等，都不同程度上借鉴了北京奥运会的志愿者模式。

5.4　北京市 CRD 主导产业发展现状

5.4.1　旅游产业发展基本情况分析

5.4.1.1　北京市旅游业综合情况

近几年来，北京市的旅游业一直稳定而持续地发展。2010 年，北京市旅游总收入 2768 亿元；旅游总人数 1.8390 亿人次，其中旅游外汇收入 50.44 亿美元，国内旅游收入 2425.1 亿元，同比增长 13.1%。2011 年，北京市旅游总收入 3216.2 亿元，旅游总人数 2.1404 亿人次，其中，旅游外汇收入 54.2 亿美元，国内旅游收入 2864.3 亿元。2012 年，北京市旅游总收入 3626.6 亿元，旅游总人数 2.31 亿人次。2013 年，北京市旅游总收入 3963.2 亿元，同比增长 9.3%；旅游总人数 2.52 亿人次，同比增长 9%；旅游购物和餐饮零售额 2044.1 亿元，同比增长 8.7%，占全市社会消费品零售额比重 24.4%；旅游特征产业完成投资额 607.9 亿元，同比减少 10.7%，占全社会固定资产投资的比重 8.6%；旅游增加值 1448.7 亿元，同比增长 8.4%，占全市 GDP 比重 7.43%。❶

北京市各区县旅游业发展迅速，均有不同幅度的增长，如下表所示。

---

❶　所有数据均来自于北京市旅游委。

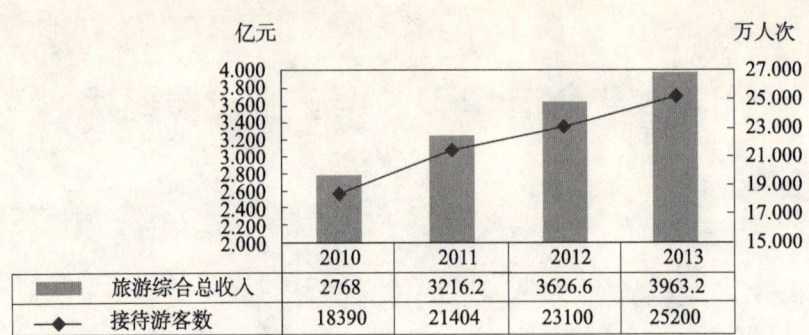

	2010	2011	2012	2013
旅游综合总收入	2768	3216.2	3626.6	3963.2
接待游客数	18390	21404	23100	25200

图 5−1　旅游综合总收入与接待游客数（2010/2011/2012/2013）

表 5−3　2010—2013 年度北京市各区县旅游综合收入情况

	2010 年	2011 年	2012 年	2013 年
东城区	261	514.5	582.3	624.3
西城区	129.1	335.2	376.3	403.3
崇文区	54			
宣武区	46.7			
朝阳区	452.8	643.6	728.8	802.8
丰台区	52.1	127.1	144	157.3
石景山区	18.2	31.3	34.5	38.7
海淀区	212.9	369.4	409.6	443.3
门头沟区	5.5	14.6	16.8	19.2
房山区	14.2	32.7	34.8	38.3
通州区	5.7	21	24	25.9
顺义区	18	40.7	47.7	53.5
昌平区	45.4	77.9	89	93.5
大兴区	9.5	37.6	42.8	47.4
怀柔区	17.3	36.6	41.5	45.7
平谷区	8.2	21.2	24.4	26.8
密云县	13	32.2	36.5	38.6
延庆县	18.3	41.9	47.4	50.7

　　北京的旅游客源市场分为入境旅游、国内来京旅游和市民在京旅游 3 个板块。2013 年，全市共接待入境旅游者 450.1 万人次，旅游外汇收入 47.95 亿美元（合人民币 296.9 亿元）；接待国内其他省市来京旅游者 14755 万人次，同比增长 8.3%，旅游收入 3332.3 亿元，同比增长 10.4%；本市居民在京旅游人数 9983 万人次，同比增长 10.8%，旅游消费 334 亿元，同比增长 18.6%。国内旅游总人数 24739 万人次，同比增长 9.3%；国内旅游总收入 3666.3 亿元，同比增长 11.1%。

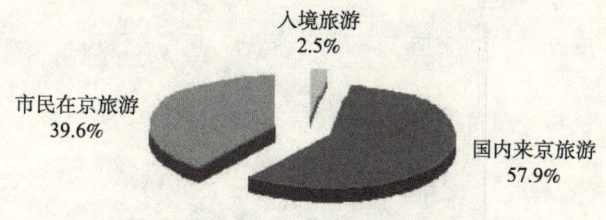

图 5 - 2　旅游综合收入来源比例

　　北京市自 2008 年成功举办奥运会后，在世界上树立起崭新的国际形象，吸引了无数来自异国的旅游者，入境旅游人数持续增长，其后虽然人数增速变缓，但是每年接待的入境游客一直稳定在 400 万人左右。如图所示。

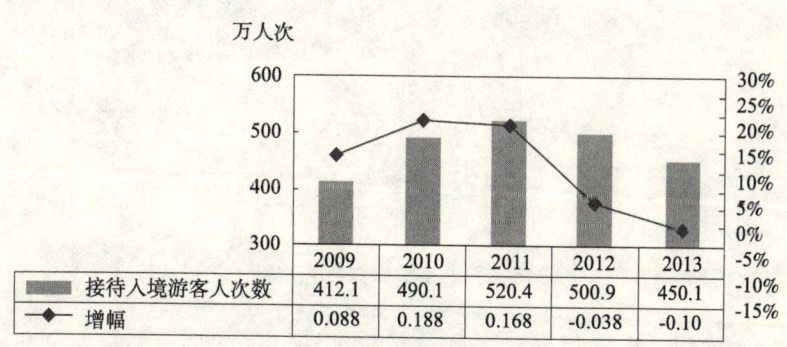

万人次					
	2009	2010	2011	2012	2013
接待入境游客人次数	412.1	490.1	520.4	500.9	450.1
增幅	0.088	0.188	0.168	-0.038	-0.10

图 5 - 3　北京市接待入境游客人次数（2009—2013 年）

　　作为中华人民共和国的首都，北京一直是我国人民心中的游览胜地。

国内旅游市场稳步增长，北京市接待国内其他省市来京的旅游者人数和旅游收入同比均实现增长。如图所示。

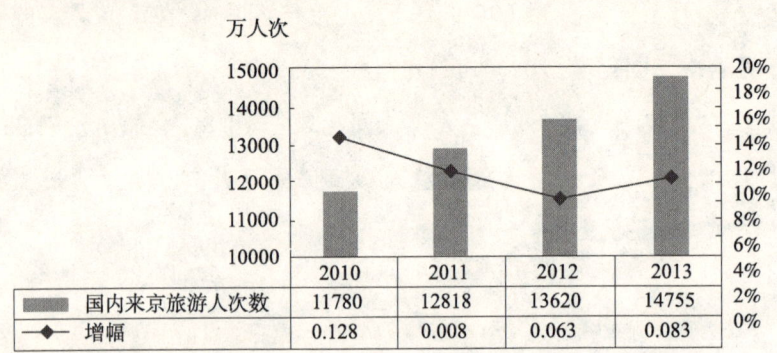

图 5-4　北京市接待国内来京旅游游客人次数（2009—2013 年）

近几年，随着北京城市经济的不断发展，人民生活水平不断提高，反映在北京旅游市场上的重要现象，就是本市市民在京旅游的人次数不断上升，在经历了 2011 年的突破式增长后，近年来一直保持着较高的增长率，这说明北京市民已经把旅游作为生活中的主要休闲方式。为了满足本地消费者的需求，北京市应大力发展休闲娱乐设施，开发文化休闲娱乐区。

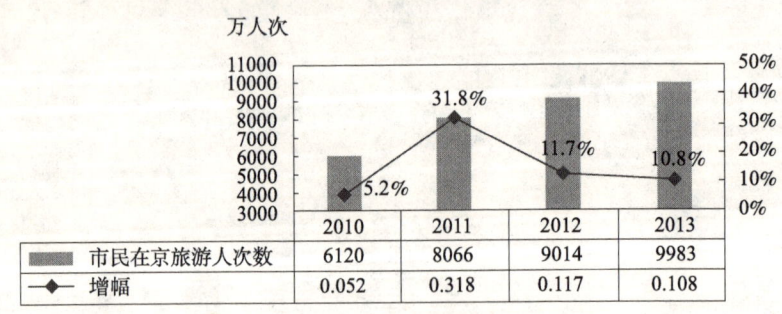

图 5-5　北京市接待市民在京旅游游客人次数（2009—2013 年）

5.4.1.2　北京市旅游资源

北京是一座有着 3000 多年的建城史、近 900 年建都史的历史文化名城。作为六朝古都，北京的文化底蕴深厚，有着丰富的旅游资源。北京市拥有文物古迹7000余处，其中包括历史文化遗址、皇宫及历史园林、各类宗教建筑、大型陵墓群落，以及革命遗址和纪念性场所。市内共有不可移动文物近4000项，其中国家文物保护单位128个，市级文物保护单位357个，世界文化遗产6处（故宫博物院、长城、周口店北京猿人遗址、天坛、颐和园、十三陵）。各种题材的博物馆在北京地区有151家。作为国际性大都市，北京不仅拥有名胜古迹，也拥有多种多样的其他类型旅游资源。北京现有评A的旅游景区（点）213个，其中5A级8个、4A级67个、3A级86个、2A级42个、1A级10个。2013年，北京市各级景区共接待游客2.7亿人次，同比增长10.1%；营业收入62.6亿元，同比增长6%。接待量排名前5位的是天坛公园、故宫、颐和园、紫竹院公园和北海公园。

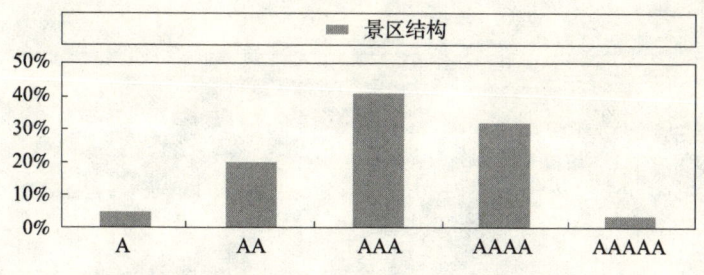

图5-6　北京市景区结构组成

5.4.1.3　北京市旅游企业现状

星级饭店是旅游业发展的支柱之一。截至2013年，北京市共有星级饭店591家，其中五星级65家，四星级134家，三星级206家，二星级175家，一星级11家。2013年，北京市星级饭店营业收入达277.7亿元。

旅行社是对旅游收入贡献最大的旅游企业之一。截至2013年，北京市共有旅行社1492家。其中，有特许经营中国公民出境业务的旅行社379

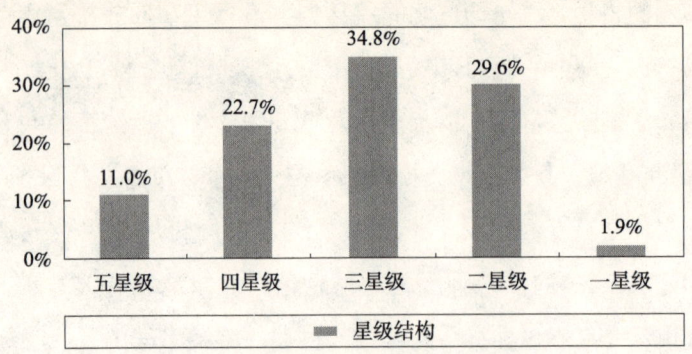

图 5 - 7　北京市酒店星级结构

家，外商投资旅行社 28 家。2013 年，北京市旅行社接待入境旅游者 122.1 万人次，接待国内旅游人数 319.5 万人次，北京市特许经营中国公民出境游业务的旅行社组织出境旅游（首站）人数 331 万人次，同比增长 21.5%。

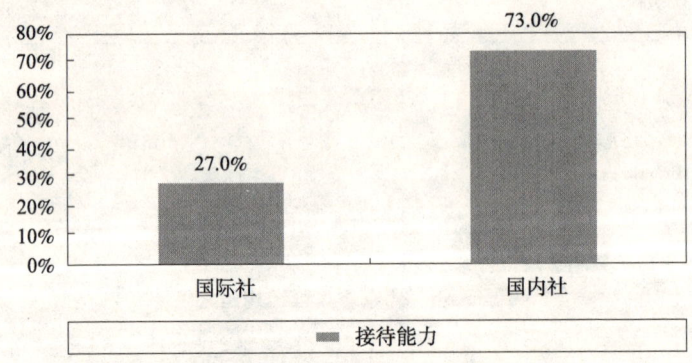

图 5 - 8　北京市旅行社产品结构

北京市的都市农业生态旅游、乡村民俗旅游也有较大的发展空间。截至 2013 年，北京市共有市级民俗村 227 个，共 9970 户；乡村旅游接待户 1.6 万户，从业人员 7 万人。接待乡村旅游人数 3750.9 万人次，同比增长 3.2%；乡村旅游收入 37.6 亿元，同比增长 4.5%。

北京市的旅游发展不仅仅依靠丰富的旅游资源和高品质的旅游接待设

施，还需要有高水平的管理机构和高素质的从业人员。北京市共有旅游咨询中心（站）351 家，2013 年接待旅游咨询人数 1158 万人次。同年，北京市住宿业、旅行社、旅游景点和乡村旅游接待等四大行业直接从业人员达 36.2 万人。

5.4.2　北京市文化创意产业发展总体状况

北京市文化创意产业发展势头良好，产业发展环境不断优化，产业规模持续增长，各行业都取得了较大的进步，初步形成了政府引导、市场主导、企业运作的文化创意产业发展模式。

5.4.2.1　文化创意产业发展提速，支柱产业地位逐步确立，潜力巨大

根据北京市"十一五"城市规划，北京的定位是"国家首都、国际城市、文化名城、宜居城市"。在这样的城市功能定位下，北京的文化创意产业逐渐成为支柱产业，其增加值占北京全市 GDP 的比重越来越大。北京市文化创意产业创造的增加值由 2005 年的 674.1 亿元增至 2010 年的 1692.2 亿元，年均增速 20.3%，超过全市地区生产总值年均增速 5.1 个百分点；增加值占全市 GDP 比重由 2005 年的 9.7% 提高到 2010 年的 12.3%，共提高了 2.3 个百分点。文化创意产业已成为第三产业中仅次于金融业的第二大支柱产业。

2009 年北京市文化创意产业增加值 1489.9 亿元；2010 年全市文化创意产业实现增加值 1692.2 亿元；2011 年全市文化创意产业增加值达到 1938.6 亿元，比 2010 年增长 14.2%，占 GDP 比重达 12.1%；2012 年全市文化创意产业收入首次突破 1 万亿元，实现增加值 2189.2 亿元，占 GDP 比重达 12.3%；2013 年全市文化创意产业实现增加值 2406.7 亿元，增速

为9.1%，高于GDP近1.5个百分点，如下图所示。❶

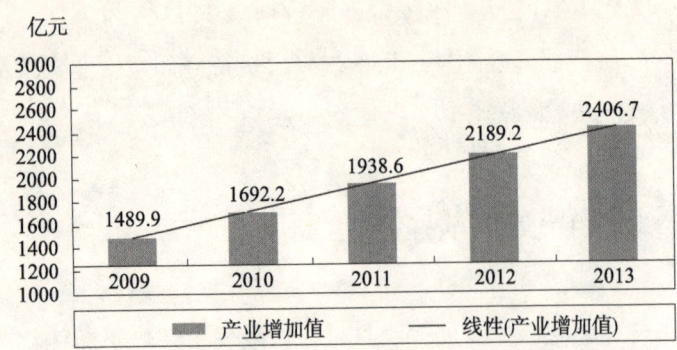

图5-9 2009—2013年北京市文化创意产业总体发展概况

目前，北京市文化创意产业增加值已超过批发零售业、房地产业、商务服务业、交通运输业等行业，支柱产业的地位逐步确立。文化创意产业成为新时期带动首都经济持续增长的战略产业，进入了新的发展阶段。

5.4.2.2　产业格局多元化，新兴领域蓬勃发展

2013年，北京市文化创意产业龙头企业作用明显，全市规模以上文化创意产业活动单位数为8334个，实现收入10022亿元，从业人员为104.7万人。在北京市文化创意产业的九大行业中，除了"其他辅助服务行业"之外，各领域企业盈利逐年增加，增加值均实现了稳步提升；软件、网络及计算机服务，广告会展，新闻出版业和艺术品交易四大优势行业成为北京文化创意产业发展的主体力量。其中软件、网络及计算机服务领域实现收入3849亿元，比上年同期增长9.2%，占文化创意产业总收入的38.4%；新闻出版业总收入799.7亿元，同比增长8.5%；艺术品交易业总收入985.4亿元，同比增长7.8%；广告会展业总收入1105.1亿元，同比增长3.7%。

---

❶ 本章节中所有数字均来源于北京市统计局。

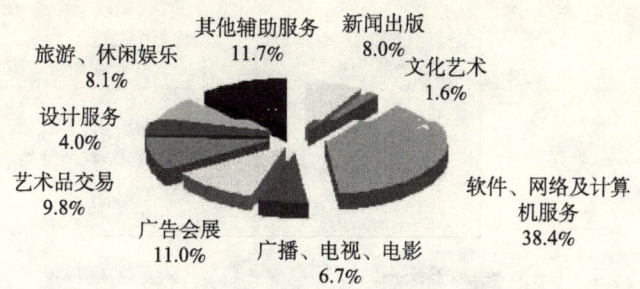

图 5-10　2013 年北京市文化创意产业实现收入行业构成

2012 年北京市出版图书种类占全国总种类的 43.4%，图书总印数占全国总印数的 28.4%，新闻出版业在国内处于绝对的主导地位；北京在艺术演出场次、观众人数、演出收入等方面也远高于国内其他省、区、市；北京的动漫游戏产业总产值排在全国第一位，影视动画生产总量约占全国总量的 7.1%，网络游戏规模以上企业总产值占全国游戏总产值的 25.9%，北京地区计算机软件著作权登记量占全国总登记量的 28%。❶

5.4.2.3　产业集聚规模扩大，区域竞争力增强

集群作为发展文化创意产业的一种有效途径，是文化创意产业未来发展的一种趋势。北京市分别于 2006 年 12 月、2008 年 3 月和 2010 年 10 月，先后分 3 批认定了 30 个市级文化创意产业集聚区，文化创意产业集聚发展的格局基本确立。各集聚区借助优惠政策，吸引了大量文化创意企业和艺术家入驻，产业集聚规模不断扩大，专业化趋势越来越明显，国内外影响力持续提高。其中，北京的 798 艺术区已成为展示中国当代艺术发展的形象窗口；北京 CBD 国际传媒产业集聚区 2012 年收入达 1400 亿元，成为全国首个年产值超 1000 亿元的文化传媒产业园区。

---

❶ 数据来源于清华大学国家文化产业中心、北京市国有文化资产管理办公室主编《北京文化创意产业 2013》，2014。

表5-4　北京市第一批10个文化创意产业集聚区

	名称	建设规模	行业划分类型
1	中关村创意产业先导基地	位于海淀区，总建筑面积约30万平方米	互联网、软件、游戏、创意设计、动漫画、数字内容、出版传媒等产业集群
2	北京数字娱乐产业示范基地	位于石景山区	数字娱乐、动漫画、创意设计等
3	国家新媒体产业基地	位于大兴区魏善庄镇，面积约2亿平方米	重点建设国家新媒体产业基地
4	中关村科技园区雍和园	位于原东城区	知识产权产业、数字内容产业、中医药科技与文化产业、文化旅游休闲产业
5	中国（怀柔）影视基地	位于怀柔区杨宋镇，核心区占地面积560万平方米	重点发展影视创意、拍摄制作、技术研发、交易发行、影视教育、影视体验等产业
6	798艺术区	位于朝阳区，占地面积近29万平方米	文化文艺服务、影视传媒、设计策划、旅游服务等产业
7	北京（DRC）工业设计创意产业基地	位于西城区德胜科技园内	以设计创意为核心，涉及工业设计、软件设计、色彩设计、环境设计、工程设计、平面设计等领域
8	潘家园古玩艺术品交易园区	位于朝阳区，占地面积12.98万平方米	古玩艺术品及高端艺术品研发、仿制、交易市场，以及古玩艺术品拍卖、会展、高端古旧家具等行业
9	宋庄当代原创艺术与卡通产业集聚区	位于通州区宋庄镇，规划面积1460万平方米	集产学研、生活居住、综合服务于一体的都市型产业区
10	中关村软件园	位于海淀区中关村	以数字媒体、IT咨询、网络游戏、手机游戏、数字动漫、数字影音、互联网服务为主

表 5 – 5　北京市第二批 11 个文化创意产业集聚区

	名称	建设规模	行业划分类型
1	北京 CBD 国际传媒产业集聚区	位于朝阳区	以国际传媒产业为主导，重点发展版权交易、书报刊发行、影视内容制作与传播、网络服务、广告业等 5 个行业
2	顺义国展产业园	规划总面积约 721 万平方米，会展面积全市最大	会议、展览、旅游等
3	琉璃厂历史文化创意产业园区	位于原宣武区，占地 88 万平方米	以书画艺术及古玩艺术品交易为主导产业
4	清华科技园	位于海淀区，占地面积 22 万平方米	以软件、网络、计算机服务新媒体、动漫网游、创意设计为主导产业，尤其以新媒体产业为特色产业
5	惠通时代广场	位于朝阳区	平面媒体、网络新媒体、电视节目制作、原创音乐制作、广告、文化投资等产业为主
6	北京时尚设计广场	位于朝阳区酒仙桥，占地面积 20.3 万平方米	以时装服饰设计、配饰设计、建筑设计、广告艺术、网络传播、策划咨询为主导产业
7	前门传统文化产业集聚区	位于原崇文区，总建筑面积 30 万平方米	包含传统老字号店铺、传统文化、北京民俗文化、旅游业
8	北京出版发行物流中心	位于通州区台湖产业园区，总建筑面积近 30 万平方米	以出版发行物展示、交易、配送等为主要发展方向，是北京最大的出版物集散中心和交易市场
9	北京欢乐谷生态文化园	位于朝阳区，规划面积 100 万平方米	旅游、体育、表演、购物、休闲、宜居等各项文化产业互动发展的大型文化旅游主题社区
10	大红门服装服饰创意产业集聚区	位于丰台区南苑乡南中轴路，占地 500 万平方米	包括服装生产、销售、设计、策划、咨询服务、广告会展、物流贸易等多个行业
11	北京（房山）历史文化旅游集聚区	位于房山区，规划面积 968 万平方米	以房山区丰富的文化旅游资源为依托，对促进房山区替代产业形成将起到积极的促进作用

资料来源：根据投资北京、北京中小企业网等汇集编制。

北京市第三批市级 11 个文化创意产业集聚区包括：首钢二通厂中国动漫游戏城、奥林匹克公园、八达岭长城文化旅游产业集聚区、古北口国际旅游休闲谷产业集聚区、斋堂古村落古道文化旅游产业集聚区、中国乐谷—首都音乐文化创意产业集聚区、卢沟桥文化创意产业集聚区、北京音乐创意产业园、十三陵明文化创意产业集聚区。第三批文化聚集区更侧重旅游、休闲、娱乐等产业。

5.4.2.4 北京市文化创意产业集群的布局

从空间布局来看，首批认证的 10 个具有一定发展基础的创意产业集聚区基本位于北京市城区。第二批认证的 11 个集聚区提高了文化创意产业集聚区在各区县的覆盖率，从首批的 8 个区县增加到 13 个，并较好地做到了向南城（崇文、宣武、丰台、房山）和新城（顺义）倾斜。第三批认证的 9 个集聚区主要集中在远郊区，使北京市市级文化创意产业集聚区总数达到 30 个，覆盖全市 16 个区县。

从行业分布来看，第一批认定的聚集区以软件、动漫、网络及计算机服务等设计服务和广播、电视、电影等优势行业为主体力量；第二批认定的集聚区主导产业特色突出，既有新兴的文化传媒、出版物流、时尚休闲等现代业态，也有弘扬千年古都文化底蕴的老字号、传统街区等传统产业升级业态，填补了北京市文化创意产业集聚区在广告会展、出版发行、文艺演出、文化旅游等领域的空白；第三批认定的聚集区由于多数位于远郊区县，以休闲、旅游、娱乐产业为主，使北京市文化创意产业的内涵更加丰富。

5.4.3 北京市会展产业发展现状

作为中国的首都，北京是中国走向世界大舞台的引领者与示范先锋。

在几十年的入境观光旅游发展历程中，会展业良好的硬件设施与城市形象、鲜明的东方特色、高品质的旅游吸引物、完善的基础设施、便捷的交通网络等，都是北京市发展会展旅游的必要条件。因此，结合北京市的经济条件、科技水平、政治环境、旅游资源等情况，其应将会展旅游作为未来旅游发展的重点领域之一。

5.4.3.1 会议展览发展现状

近几年，作为正在崛起的中国乃至亚洲会展之都，北京市的会展业以前所未有的速度迅猛发展。无论是会展收入，还是接待会展的数量（尤其是接待国际会议），北京在亚洲范围内都处于领先地位。以下是北京市近年会展收入的增长现状，如图所示❶。

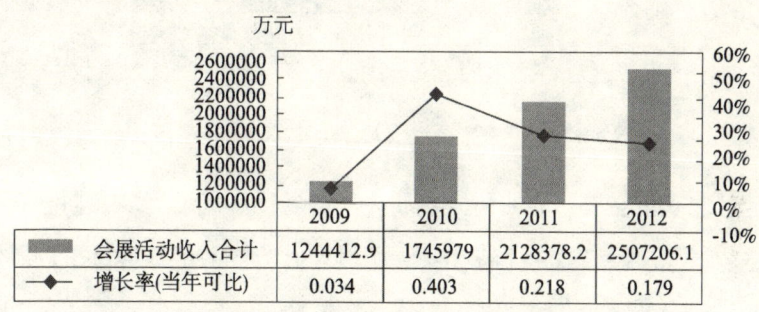

万元	2009	2010	2011	2012
会展活动收入合计	1244412.9	1745979	2128378.2	2507206.1
增长率(当年可比)	0.034	0.403	0.218	0.179

图 5 – 11　北京市会展活动收入合计（2009—2012 年）

根据北京市统计局数据显示，2012 年北京会展业收入达 250.7 亿元，比上年强劲增长 17.9%，其中接待会议收入 1378457.9 万元，较 2011 年的 1253964.1 万元增长 9%，国际会议收入 100469.2 万元；接待会议个数 277487 个，基本与上一年持平，接待国际会议 7403 个，较上年 7993 个有所减少；接待会议人数 1882.8 万人次。会议产业也为北京市的城市税收做出了很大的贡献。2010 年，北京市十大会议中心、会议酒店年营业收入总

---

❶ 本章节中所有数据均来源于《北京统计年鉴2013》。

额将近40亿元，十大会议公司的年营业收入总额也是近40亿元，仅这80亿元营业收入产生的营业税一项就高达4.5亿元左右。会议收入一直在北京市会展收入中占据主要地位，会议的数量与规模都远大于展览的数量与规模。北京市会议接待规模的提高在很大程度上与北京的城市知名度有关。北京的国际地位、良好的国际声誉、云集的政府机构、全国性的协会/学会、强大的科研实力和便捷的国际航空交通，对学术会议有强大的吸引力。

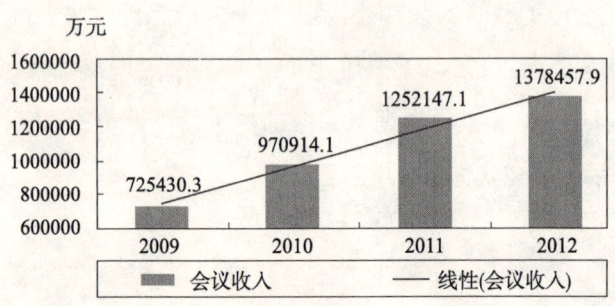

图5-12 北京市会议收入合计（2009—2012年）

随着北京市会展产业的整体发展，其市场逐步成熟，展会面积和展览收入稳步增长。2012年接待展览个数1059个，与上年基本持平，展览收入达到2507206.1万元，比上一年增长15.2%，其中国际展览收入959336.5万元。举办国际展览1059个，展览面达1万~5万平方米的展览171个，较上年增长6.5%；展览面积5万平方米及以上的展览个数23个，大大超越了往年的数目，这说明我国举办大型展会的能力在不断加强。接待展览观众人数573.3万人次，比上年增加23%，其中国际展览观众人数达201.8万人次。举办的展览以经济技术类为主，其余为文化艺术类及卫生教育类，逐渐显现国际化、专业化、品牌化特征，其中机床、通讯、纺机、印刷、冶金、制冷、汽车、计算机和服装服饰展览已经比较成熟，进入世界先进展览会行列。与其他会展城市相比，北京市展览的品牌化、国际化、规模化、专业化、行业导向性和政策导向性特征极为突出。

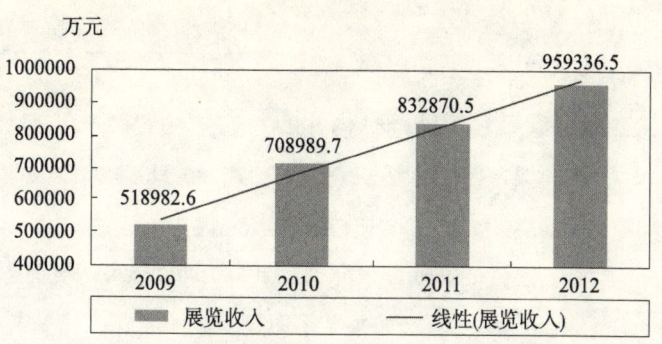

图 5 - 13　北京市展览收入合计（2009—2012 年）

我国接待国际会议和举办国际性展览的城市主要集中在北京和上海，北京处于稳步增长状态。根据国际会议与奖励旅游权威组织——国际大会与会议协会（ICCA）的数据，北京市国际会议接待数量从 1995 年的 38 个增加到 2004 年的 65 个❶；2010 年北京接待了 98 个大型国际会议，在全球排名第 12 位，位居中国首位；2011 年北京接待了 111 个国际会议，在全球排名第 10 位；2012 年，中国接待的国际会议数量为 311 个，在全球排第 10 位，其中 1/3 以上在北京举办，北京共接待国际大型会议 109 个，列居全球第 13，在亚洲仅次于新加坡，这也是北京连续 9 年进入该排行榜全球前 15 位。这标志着北京已跻身国际会议旅游之都的行列，在亚洲的领先地位更加巩固。

北京会展业取得的骄人成绩离不开大量专业会展从业人员的努力。北京市从事会展行业的从业人员队伍较为成熟，人数一直稳定在 20 万人左右，并有小幅上升趋势。

---

❶　国际大会及会议协会（ICCA）只统计国际协会会议，主办单位只能是国际协会而不是某一个国家的协会；会议至少需 50 个参会者；必须定期召开（只开一次的会不列入统计数据）；必须在 3 个或 3 个以上的国家轮流举办。大量的国内政府部门和协会主办的国际会议不能进入 ICCA 的统计范围，并不能完全反映某个国家或者城市办会的全部情况，但它仍是衡量一个国家或城市举办国际会议的一个重要指导性指标，被全世界会展业所采用。

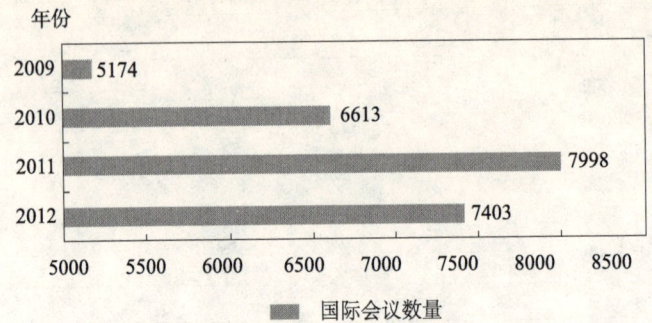

图 5 - 14　北京市接待国际会议数量（2009—2012 年）❶

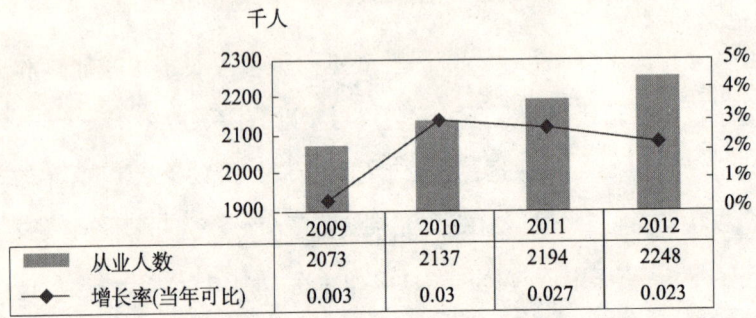

图 5 - 15　北京市会展业从业人员数量（2009—2012 年）

5.4.3.2　会展业的发展条件及设施

（1）北京在发展会议产业方面具有不可比拟的优越条件，其拥有一批实力雄厚且专业的会议服务供应商，截至 2013 年，有近 2200 家会议组织者的总部和国际协会在华常驻机构，有 612 家不同档次与风格的星级酒店等住宿设施，及作为全国主要交通枢纽和重要国际航空港的发达的对外交通。

目前，北京已经形成了 3 个会议中心区，这 3 个地区的会议、展览、

---

❶　北京市统计局在统计口径和方法上与国际大会及会议协会（ICCA）不同，所以两者在发布北京市接待国际会议的数量这一数据时大不相同，但是无论以何种统计方法，都不能否认北京在亚洲乃至世界会展业的领先地位。

饭店、写字楼等设施相对集中，配套服务设施齐全，客户分布也比较集中，是北京会展业开展业务的黄金地段。这 3 个会议中心区是以东二环、王府井和"国贸商圈"为核心的城市核心区、中国国际展览中心周边地区和以北辰北京国际会议中心为代表的亚运村地区。

（2）会展硬件设施。

主要包括会议、展览场所和其他相关辅助设施。近些年来，北京市在会展场馆的建设方面有较快的发展，相继建立了达到国际先进水平的会展场馆，使我国拥有的会展场馆面积迅速增加。新建、扩建和改建了一批会议型酒店，星级酒店也开始注重会议功能的挖掘与改进，会展基础设施有了很大提高。

2012 年，北京市共有接待场所会议室 5718 个，较 2008 年的 5403 个增长 10.58%；座位数超过 500 座的会议室 195 个，较 2008 年的 156 个增长 12.5%；接待场所会议室使用面积 81.6 万平方米，接待场所会议室可容纳人数 49.2 万人，较 2008 年的 45.3 万人增长 10.8%。2012 年全市规模以上会展单位展厅使用面积为 39.9 万平方米，室外可使用展览面积 27.2 万平方米。

目前，北京市拥有较先进的、能举办大型展会的展览馆 20 多个，其中最著名的七大主要展览场馆是中国国际展览中心、中国国际展览中心（新馆）、全国农业展览馆、国家会议中心、北京展览馆、中国国际贸易中心展厅和北京国际会议中心。

据统计显示，2013 年北京的七大展览场馆共举办展览会 400 场，其中，中国国际展览中心举办了 230 场展览会，占总量的一半以上，国家会议中心和全国农业展览馆举办的展览会也占有较大比重。[1] 2013 年，国家会议中心接待会议及节事活动 862 个，举办展览 89 场，其中 1000 人以上

---

[1] 数据来源于《中国展览经济发展报告 2013》。

的大型会议占会议总数的 12%，地面展厅出租率保持在 64% 以上，处于全国领先水平。

5.4.4 节事旅游

近年来，节庆活动作为振兴当地旅游业的有效手段和重要产品，受到当地政府、旅游企业及旅游目的地的高度关注。所谓节庆旅游，是以某种具有鲜明主题的公众性庆典活动作为旅游吸引物而开发出来的一种现代新型旅游产品。狭义的节庆仅指各种节日，广义的节庆是指地方政府或旅游企业对区域特色进行策划和包装，使其产生定向吸引，从而产生社会、经济、旅游等综合效益的一个标志性的事件。

当今我国正在掀起"全民旅游"的热潮，毫无疑问，节假日是我国居民出行旅游的最高峰。北京是国内旅游，尤其是节日旅游的首选目的地。

5.4.4.1 节日旅游

表 5 – 6   2010—2013 年公休假期北京旅游接待情况统计

年份	2010 年	2011 年	2012 年	2013 年
公休假期名称	旅游接待总人数（万人次）			
元旦	116	135	161.8	153.3
春节	765	811	827.3	868.1
清明		264	259.6	252.5
五一	285	430	484.7	497.3
端午	144	311	308.2	335.7
中秋	132	258	1312.1	304.4
十一	929	1069		1153

从上述图表中我们可以得出结论，近 4 年来，北京在七大法定节日中（只有不到 30 天的时间）接待的旅游者每年超过 3000 万人次，占全年北

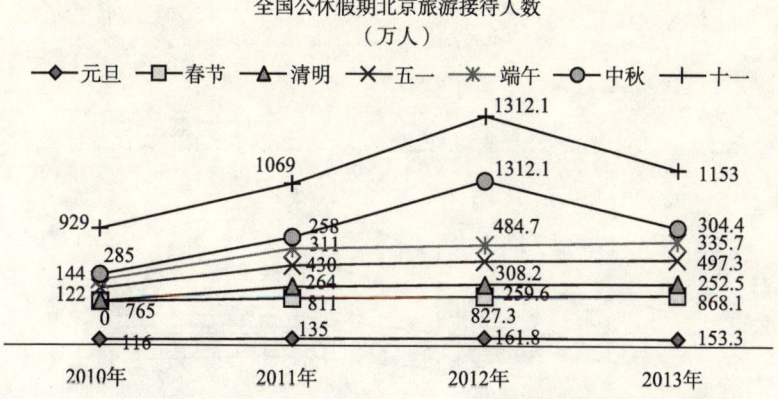

全国公休假期北京旅游接待人数
（万人）

◆元旦　□春节　▲清明　✕五一　✳端午　●中秋　十一

图 5-16　2010—2013 年公休假期北京旅游接待人数趋势图

京接待旅游者总人数的 10% 以上。而十一、春节则是旅游者来京旅游的旺季，其他五大节日的接待量则略有差异。十一由于是黄金周，又值北京旅游最美的金秋季节，气候条件最适宜，所以理所应当成为一年之中来京旅游人数最多的节日；春节是中国最大的传统民族节日，越来越多的国人选择用旅游的方式来度过；元旦由于放假时间较短，且与其他富有深厚文化底蕴的传统民族节日相比文化内涵相对单薄，节日的气息相对薄弱，人们对它的重视程度相对较低，且元旦正值北京最冷的冬季，故来此旅游的游客人数最少。

表 5-7　2010—2013 年公休假期北京旅游总收入情况统计

年份	2010 年	2011 年	2012 年	2013 年
公休假期名称	旅游总收入（亿元）			
元旦	6.1	6.4	7.71	9.2
春节	29.2	31.1	34.04	38.8
清明		9	9.89	11.4
五一	13.1	15.5	17.96	19.9
端午	7.5	10.4	11.78	13.4
中秋	6.8	9.7	87.96	13.2
十一	60.3	68		79.1

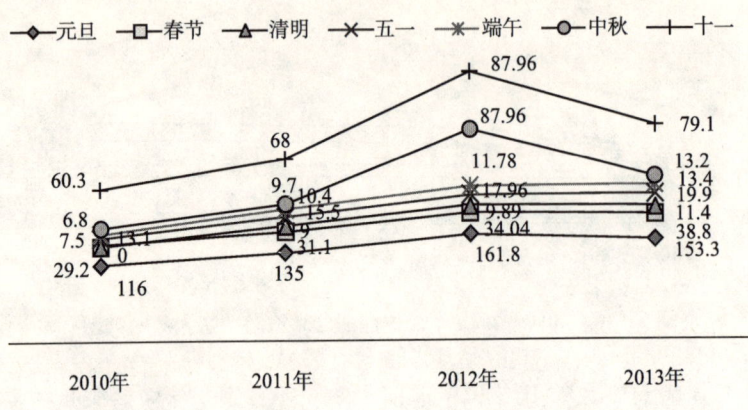

图 5 – 17　2010—2013 年公休假期北京旅游总收入趋势图

从上述两个表中，我们得出结论，七大节日的旅游收入呈逐年上升的趋势，且在北京全年旅游收入中占较重要的地位。以 2013 年为例，七大节日接待旅游者的总收入是 185 亿元，占北京市全年旅游总收入的 4.7%。由于十一国庆节是 7 天的黄金周，接待的游客人数最多，相应得到的旅游总收入也最多。

5.4.4.2　节庆活动

除了上述法定节日和传统的节日，北京市各区县也以政府为主导，纷纷创办了很多旅游节庆活动，这些节庆活动更紧密地与当地特色经济结合起来，利用地方特有的文化传统与旅游资源，形成新形式的独特旅游吸引物。

节庆旅游逐步成为旅游目的地吸引客源、增加旅游收入、增进旅游者对目的地了解的重要手段，对提高区域的知名度、传播区域文化、塑造区域旅游品牌、带动区域经济的发展起着重要作用。如每年在朝阳区朝阳公园举办的音乐节,已经成为广受欢迎的音乐节日,每年吸引着海内外的广大旅游者。北京市节庆活动的蓬勃开展始于 2008 年奥运会前后,如图所示。

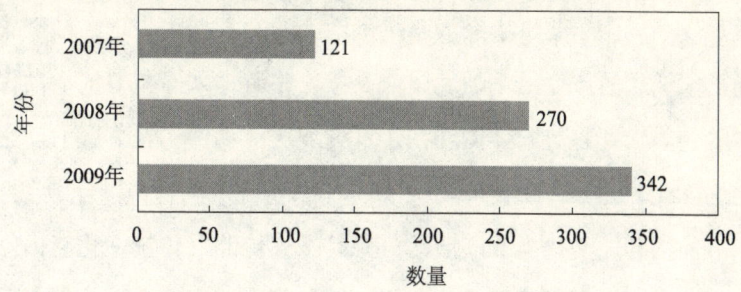

图 5 – 18 2007—2009 年北京市节庆数量变化

从 2007 年至 2009 年北京市节庆活动总量的对比来看,节庆活动数量在 3 年内增长 2 倍。这与城市改造、经济腾飞、市民素质提升和生活水平提高密不可分。

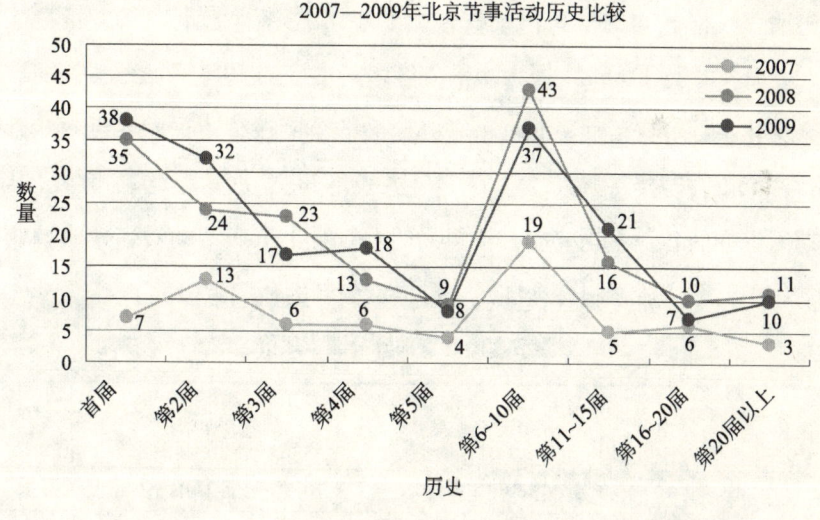

图 5 – 19 2007—2009 年北京市节庆活动的举办届数变化

由图中所示,从 2007 年至 2009 年 3 年间的节庆活动历史比较来看,2008 年、2009 年新增的大批首届举行的节庆活动为主要变化,这一变化体现了近年来北京市节庆活动产业已逐渐被认可并受到社会各界的重视,彰显了该产业的蓬勃生命力。

从 2009 年到 2013 年，北京市的节庆活动无论从数量上还是质量上都有了长足发展。由于北京市经济总量不断上升，其城市需求、经济集聚效应不断扩大，旅游产业的蓬勃发展使商务、旅游、采摘类节庆活动保持逐年递增的趋势。此趋势同样体现在艺术类节庆活动中，且节庆活动也在逐步走向国际化，比如 2009 年，数字娱乐节首次与米兰合作，分别在两地进行艺术节的活动。文化类节庆活动，尤其是宣传北京传统文化、国际文化交流类的节庆活动得到了很好的发展，例如北京清真美食文化节、欧洲文化节等。节日的主题丰富多彩，主要有采摘、旅游、商务、文化艺术和体育等方面，每种类型都有明显的增长。比较引人瞩目的是文化、庙会类的节庆活动，自 2010 年至 2013 年数量增长明显。以 2013 年春节为例，北京市各区县都借助这个最隆重的传统民族节日，在各自的旅游景区举办了主题鲜明、风格迥异的节庆活动。根据北京市旅游委统计，2013 年春节期间，北京共接待了 868.1 万人次的游客，其中市内 200 多个公园举办了 30 多个文化主题节庆活动，北京市举办庙会的公园接待市民游客近 600 万人次，占全市公园接待游人总量的 74%。表格 5-8 展示出北京市各区县春节期间举办的各种主题节庆，从中我们可以看出节庆活动对当地旅游业的带动作用，节庆旅游很好地满足了广大消费者的休闲意愿。

表 5-8　2013 年春节期间北京部分公园、风景区节庆活动主题

区县	序号	名称	节日主题	活动时间	是否每年同期举办
市公园管理中心	1	颐和园	颐和园苏州街宫市	2013 年 2 月 10 日至 24 日	是
			颐和园第二届两梅展	2013 年春节前后	是
	2	天坛公园	第九届天坛文化周	2013 年 2 月 10 日至 14 日	是
	3	北海公园	北海公园冰上活动	2012 年 12 月 28 日至 2013 年 1 月 26 日	是
	4	香山公园	碧云寺迎春祈福会	2013 年 2 月 9 日至 24 日	否
			香山登高祈福会	2013 年 2 月 9 日至 24 日	是

续表

区县	序号	名称	节日主题	活动时间	是否每年同期举办
市公园管理中心	5	北京植物园	卧佛寺祈福文化节	2013 年 2 月 10 日至 15 日	是
			第九届北京兰花展	2013 年 2 月 3 日至 24 日	是
	6	陶然亭公园	陶然亭公园民俗活动	2013 年 2 月 10 日至 14 日	是
	7	中山公园	北京名人名兰展	2013 年 2 月 4 日至 24 日	是
			迎春精品花卉展	2013 年 2 月 8 日至 28 日	是
	8	景山公园	"胡同的记忆——走入京城胡同宅居之门"展览	2013 年 2 月 4 日至 3 月 4 日	否
	9	北京动物园	生肖文化祈福活动	2012 年 12 月底至春节	是
	10	玉渊潭公园	第四届冰雪文化活动	2012 年 12 月 21 日至 2013 年 2 月 20 日	是
	11	紫竹院公园	"共建魅力紫竹　共享欢乐冰雪"紫竹院公园冰雪活动	2012 年 12 月底至 2013 年立春	是
东城区	12	龙潭公园	龙潭春节文化庙会	2013 年 2 月 9 日至 16 日	是
			第三届龙潭公园冰雪文化嘉年华	2012 年 12 月 21 日至 2013 年 2 月 21 日	是
	13	地坛公园	地坛春节文化庙会	2013 年 2 月 9 日至 16 日	是
西城区	14	大观园	迎新年宝黛送祝福	2013 年 1 月 1 日至 3 日	是
			第十八届红楼庙会	2013 年 2 月 10 日至 14 日	是
朝阳区	15	朝阳公园	2013 北京朝阳国际风情节	2013 年 2 月 10 日至 15 日	是
	16	中华民族园	少数民族喜庆迎新年	2013 年 1 月 1 日	是
			春节祈福迎新春	2013 年 2 月 10 日	是
海淀区	17	凤凰岭风景区	龙泉寺春节庙会活动	2013 年 2 月 9 日至 15 日	是
	18	圆明园遗址公园	第四届皇家庙会	2013 年 2 月 10 日至 16 日	是
丰台区	19	世界花卉大观园	新春文化游园会	2013 年 2 月 10 日至 16 日	是
			梅花展	2013 年 2 月 10 日至 16 日	是

续表

区县	序号	名称	节日主题	活动时间	是否每年同期举办
丰台区	20	莲花池公园	第十三届北京莲花池庙会	2013 年 2 月 10 日至 16 日 2 月 9 日（除夕）开幕式	是
	21	世界公园	"环游世界 快乐元旦"文化游园活动	2013 年 1 月 1 日至 2 日	是
			"环游世界过大年"新春文化游园活动	2013 年 2 月 9 日至 17 日	
石景山区	22	八大处公园	元旦、春节游园会	2013 年 1 月 1 日至 2 月 24 日	是
	23	北京国际雕塑公园	第五届新春文化庙会	2013 年 2 月 10 日至 16 日	是
	24	石景山游乐园	2013 年迎春庙会	2013 年春节期间	是
房山区	25	十渡风景区	"体验农家乐趣，结交农民朋友"乡村过大年活动	2012 年 2 月 3 日至 14 日	否
	26	云居寺	"腊八舍粥"活动	2013 年 1 月 19 日	是
			"大红灯笼高高挂"活动	2013 年 2 月 10 日、11 日、12 日	是
昌平区	27	永安公园	正月十五闹元宵	正月十五	是
怀柔区	28	慕田峪长城风景区	登慕田峪长城 迎新年曙光	2013 年 1 月 1 日	是
			登长城 观雪景 过大年	2013 年 2 月 10 日	是
延庆县	29	龙庆峡风景区	第二十七届冰灯艺术节	2013 年 1 月中旬至 2 月底	是

资料统计来源：《北京晚报》。

第6章 北京市石景山区 CRD发展实践

6.1 北京市石景山区 CRD 发展规划介绍

6.1.1 CRD 的发展历程

2005年4月，石景山区政府发布《石景山区定位与产业选择研究》报告。该报告提出石景山区的发展定位是"首都休闲娱乐中心区（CRD，即 Central Recreation District）"；CRD 的基本内涵是"以休闲、娱乐为发展主旋律，以营造京西花园式的生态环境和时尚高雅的文化氛围为基础，打造集休闲、娱乐、会展、购物和商务办公等功能为一体的首都休闲娱乐中心区"，首次提出 CRD 的概念。

2005年8月2日召开的"打造北京 CRD，建设首都新城区"项目推介会，第一次隆重推出了 CRD 概念。

2006年5月29日，在人民大会堂新闻发布厅举行了"北京休闲经济与创意产业高峰论坛"，再次集中、广泛地宣传了 CRD 概念，产生了积极的影响。

2006年8月在《北京市"十一五"时期服务业发展规划》第四部分

"空间布局重点"第四点"西南部综合服务集聚区"中提出："要配合首钢搬迁调整和西部综合服务功能的定位，推进首都休闲娱乐中心区（CRD）建设，重点发展商贸、娱乐、动漫等产业，提升娱乐休闲和商务服务功能。

2006 年 12 月，北京市市政府颁布《北京市"十一五"时期功能区域发展规划》，其中第三部分"四大功能区域发展规划"在关于城市功能拓展区区域调整思路中提出"在西部地区发展中央休闲区（CRD）"；在关于城市功能拓展区加快发展现代服务业中明确"继续推进北京国际商务中心区（CBD）及首都休闲娱乐中心区（CRD）建设，促进国际金融、中介服务、文化传媒、数字娱乐、旅游会展、总部经济等高端服务业发展"。

与此同时，重庆、宁波、长沙、上海等十余个城市先后提出和实施了相似的 CRD 发展计划。

2008 年 5 月，北京市石景山区政府发布《首都文化娱乐休闲区（CRD）建设行动规划》，该规划是在国务院批复《北京城市总体规划(2004 年—2020 年)》和首钢搬迁调整方案、石景山区确立首都文化娱乐休闲区（CRD）发展定位后编制的第一个行动规划，是石景山区从传统重工业区向现代化首都新城区全面转型进程中的重要规划。

6.1.2　北京市对 CRD 的功能定位

6.1.2.1　CRD 功能定位思路

在新北京城市规划中，石景山区被定位为"城市功能拓展区"、"城市职能中心"、"综合服务中心"和"文化娱乐中心"，提出了"结合首钢的搬迁改造，建设石景山综合服务中心，提升城市职能中心品质和辐射带动作用，大力发展以金融、信息、咨询、休闲娱乐、高端商业为主的现代服务业"的要求。

6.1.2.2　北京市石景山区 CRD 定位的内涵

CRD（Central Recreation District）是"首都休闲娱乐中心区"的英文缩写。核心是要把石景山区建设成以休闲、娱乐为发展主旋律，以营造京西花园式的生态环境和时尚高雅的文化氛围为基础，打造集休闲、娱乐、数字动漫、会展、购物和商务办公等功能为一体的首都文化休闲娱乐区。

CRD 服务的目标市场是主要针对北京，引领全国，面向世界。

CRD 承担着重要的城市职能，建成的文化休闲区将是与 CBD（中央商务区）、中关村（高科技产业区）等并驾齐驱的北京重要的城市职能中心。

CRD 是以休闲娱乐业为主导产业的现代服务业集聚中心。休闲、旅游、娱乐等时尚文化产业将成为新经济引擎，带动整体产业结构从工业化向服务化转变升级。

CRD 是以都市山水、生态花园城区为特色的景观中心，形成绿色的充满生机的城市新景观。

CRD 是对以人为本科学发展观的全面落实，是对北京城市功能布局的优化与完善，是对北京消费结构升级趋势的有效把握，对北京成为世界城市有着重要意义。

6.1.3　CRD 的规划[1]

6.1.3.1　CRD 的总体发展目标与步骤

立足石景山区的"山水轴园"优势和深厚的"京西文化"底蕴，以营

---

[1] 本章节内容资料均来自于 2008 年 5 月北京市石景山区政府发布的《首都文化娱乐休闲区（CRD）建设行动规划》。

造花园式生态城区环境和高雅时尚的文化氛围为基础，以文化娱乐休闲产业为特色，以现代服务业为支撑，以高端产业集聚区建设为重点，大力营造生态良好的城市环境和健康时尚的文化氛围，努力打造集文化创意、休闲娱乐、商务服务、高新技术、旅游会展等功能为一体的首都文化娱乐休闲区。

首都文化娱乐休闲区（CRD）的建设发展，按照 3 年（2008—2010年）打基础、5 年（2011—2015 年）大建设、5 年（2016—2020 年）大发展的"三步走"步骤来实施。

第一步（2008—2010 年），产业结构调整迈出新步伐，重大项目和功能区建设取得突破，到 2010 年，CRD 的社会认知度不断提高，城区文化特色初具雏形，投资环境明显改善，CRD 建设初见成效。

第二步到 2015 年，现代服务业和高新技术产业初具规模，产业转型成效显现，第三产业发展迅速，城市服务功能显著提升，CRD 品牌知名度和美誉度显著提高。

第三步到 2020 年，区域功能全面转型，新型主导产业形成规模，产业体系更加完善，CRD 基本建成。

6.1.3.2　CRD 的区域概述

行政管辖范围：北京市 CRD 具有明确的行政管辖范围，即石景山区全境。

地域空间范围：休闲娱乐业是供人们放松、使消费者获得欢娱感受的体验性行业，强调的是自然和健康，是人与生态、人与自然的和谐共处。因此，由于 CRD 自身产业内涵的特殊性，导致其地域范围不可能限制在某一非常有限或狭小的区域内。跨越石景山、门头沟和海淀三区的西部山林景观构成了北京市西部休闲娱乐区的重要特色之一，首都文化休闲娱乐区的定位所涵盖的地域范围包含石景山区全境，及相邻的门头沟区、海淀区的部分地域。这也符合《北京市"十一五"时期功能区域发展规划》，其中第三部分"四大功能区域发展规划"中，提出"在西部地区发展中央休闲区（CRD）"。

市场服务范围：CRD 地区不仅应作为首都的休闲娱乐中心，而且可以作为全国的休闲娱乐中心，并向世界级休闲娱乐中心的目标不断前行。

6.1.3.3　CBD 的功能布局和产业规划

结合石景山区的空间形态和"山水轴园"优势，建设新的空间发展格局。

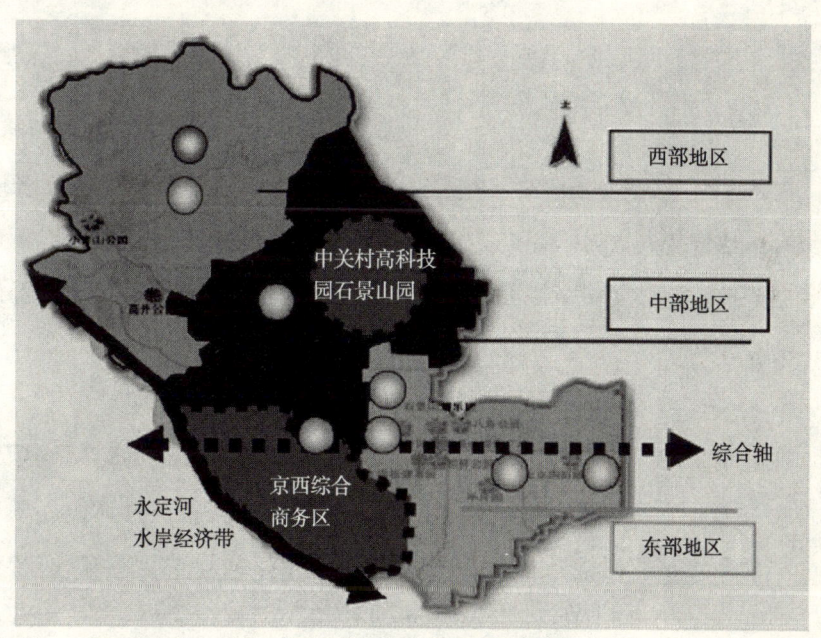

图 6-1　石景山区空间发展格局

注：本图选自 2008 年《首都文化娱乐休闲区（CRD）建设行动规划》。

山，是指西山，CRD 建设重点围绕都市山林景观优势，开展休闲旅游；

水，是指永定河，CRD 建设注重与其他区县联合，借鉴国外伦敦泰晤士河、巴黎塞纳河等水岸经济开发经验，恢复永定河生态，开发水岸经济，形成山水交融的都市休闲胜地；

轴，是指充分发挥长安街西延长线的品牌优势、区位优势和交通优势，重点发展高端、高效、高附加值的商务办公、旅游会展、文化创意等产业，全面提升现代服务业水平；

园，既是中关村科技园石景山园，也是石景山区内游乐园、雕塑园等游乐资源的总称。中关村科技园区石景山园开展文化创意产业，成为 CRD 的动力引擎。

6.1.3.4　CRD 的产业选择

发展 CRD 的核心是产业发展，要顺应消费趋势，立足石景山区的资源优势与区位优势，大力培育文化创意、商务服务、休闲娱乐、旅游会展等现代服务业，积极发展高新技术产业，着力构建以文化娱乐休闲产业为特色的 CRD 产业支撑体系。

（1）休闲娱乐产业。

抓住消费结构升级与休闲时代到来的机会，引入先进的休闲娱乐发展理念，重点发展娱乐产业、体育产业、休闲产业等，提升休闲娱乐产品的档次和水平，做强休闲娱乐品牌，使休闲娱乐业成为 CRD 的特色产业。

（2）文化创意产业。

重点发展数字娱乐、信息安全、工业设计、新闻出版、文化艺术等文化创意产业。

（3）商务服务业。

把握北京市商务办公和总部经济快速发展的趋势，使石景山区成为京西地区的重要商务中心。

（4）高新技术产业。

依托中关村科技园区石景山园，重点发展高新技术产业的研发和营销环节。

（5）旅游会展业。

依托石景山区现有的旅游、文化、体育、娱乐等资源，促进会展、旅游、休闲娱乐等产业联动发展，使石景山区逐步成为北京市西部旅游核心区。

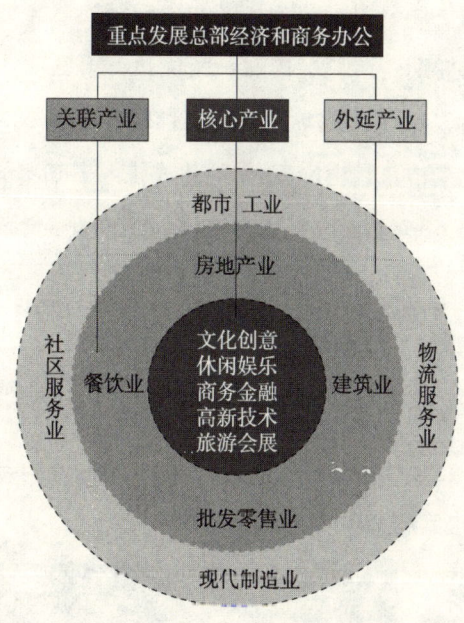

图 6-2　CRD 产业支撑体系构成图

注：本图选自 2008 年《首都文化娱乐休闲区（CRD）建设行动规划》。

6.2　北京市石景山区 CRD 的发展条件

6.2.1　石景山区 CRD 发展优势

6.2.1.1　石景山区经济实力

石景山区的区域经济实力为 CRD 建设奠定了基础。2009 年至 2013 年，石景山区国内生产总值由 248.6 亿元递增到 365.2 亿元，是石景山区历史上发展飞快的时期。产业结构的不断优化，第三产业对经济增长的贡献率逐年提高，由 2009 年的 45.2% 上升到 2013 年的 63.5%。[1] 第三产业的飞速发展，给北京市石景山区 CRD 的建成打下了坚实的经济基础。

表 6-1　石景山区 2009—2013 年经济发展情况

年　份	2009 年	2010 年	2011 年	2012 年	2013 年
地区生产总值（亿元）	248.6	295.5	322.1	337.7	365.2
居民人均可支配收入（元）	25736	28051	31936	35420	38657

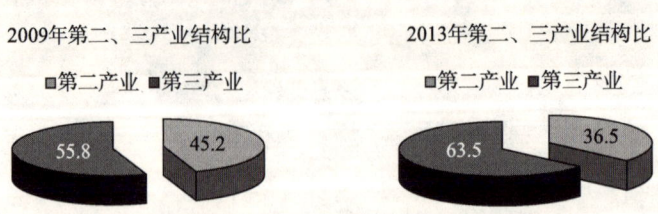

图 6-3　产业结构变化对比图（2009 年、2013 年）

---

[1]　资料来源：http://www.bjsjs.gov.cn/index.html.

地区生产总值、财政总收入、全社会固定资产投资、社会消费品零售额等，均以两位数速度增长。目前与石景山区进行对外经济合作的国家和地区已达到 32 个，遍布欧洲、美洲、亚洲和大洋洲，为区域经济注入了新鲜的活力。2013 年，石景山区新批外商投资企业 25 家，实际利用外资 8748 万美元，同比增长 12%●。据统计，自 2007 年到 2012 年年底，石景山区共引进 8243 家企业，其中注册资金亿元以上的企业 70 余家。石景山区每年引进企业的数量从 2007 年的 681 家上升为 2012 年的 1804 家，6 年来增加了 3 倍，每年引进企业形成的税收贡献和财政贡献由 2007 年的 0.34 亿元和 0.14 亿元上升为 2012 年的 30 亿元和 10 亿元。

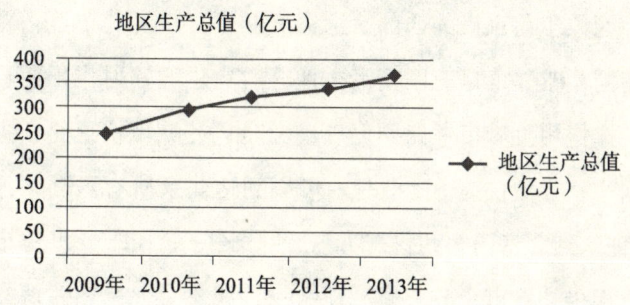

图 6-4　石景山区地区生产总值上升趋势图（2009—2013 年）

石景山区居民可支配收入持续增长，从 2009 年的 25736 元上升到 2013 年的 38657 元，年平均增长 10%，居民生活水平稳步提高，恩格尔系数下降 2.5 个百分点。2013 年石景山区居民在吃、穿上更注重养生和务实，食品、衣着累计支出始终保持低位增长，分别为 1.1% 和 2.2%。随着生活节奏的不断加快和生活质量的提升，人们消费的重心不再以吃、穿为主要需求，同去年相比，石景山区恩格尔系数由 34.1% 降为 31.6%，其在文化、旅游、教育领域的消费越来越高，逐步形成新的消费市场。

● 数据来源于石景山区统计局。

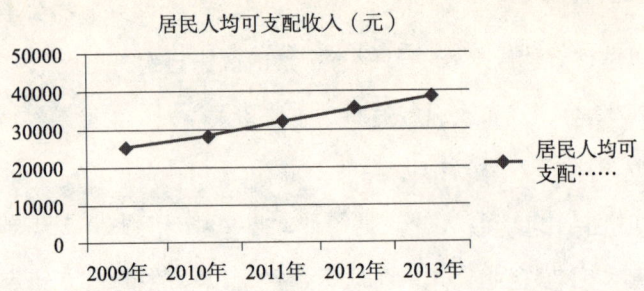

居民人均可支配收入（元）

图6-5　石景山区居民人均可支配收入增长趋势图（2009—2013年）

6.2.1.2　地理位置优越，交通网络畅通

石景山区位于北京市的西部，距离市中心仅14千米，与海淀区、丰台区、门头沟区相毗邻，是三区交汇之地，对周边的辐射作用明显，在京西板块上起支撑作用。城市道路网完整覆盖全区，城市快速路、主干道、次干道四通八达，方便快捷。1小时内可以到达北京所有区县，到北京国际机场45分钟，到北京西客站仅需15分钟。区内有108、109国道贯穿，进出北京城、连接外省市十分方便。地铁一号线贯穿北京东西两翼，连接地铁二号线、五号线等城市轨道交通线路，优势明显，还有5处铁路专用线，大宗铁路货运可直接进区。

6.2.1.3　市政基础设施较完善，综合配套服务设施不
　　　　　 断提高

石景山区的城市建设发展步伐加快。全区固定资产投资保持稳定增长，城市公用事业综合服务水平不断提高，电、气、水、热供应有充足保障。区内拥有完善的硬件配套设施，为入驻企业提供快捷、便利、现代化的服务。现在已经有3个产业基地：北京数字娱乐产业示范基地、首钢新兴产业基地和产业培育基地。为适应石景山区CRD发展的需要，区里建设了6个现代综合商贸区，为CRD提供辅助服务功能，目前都已见规模，即

TSM 时代购物花园商务区、北京国际雕塑园地下商务区、银河商务区、苹果园交通枢纽商务区、京西会展商务中心区和以京燕饭店为中心的休闲酒店商务区。

6.2.1.4　自然资源丰富，环境优美

石景山区因为拥有素称京都"第一仙山"的石景山而得名。自古有"神京右臂"之称。石景山区"东临帝阙，西濒浑河"，自然资源丰富，拥有永定河、八大处和石景山等自然资源。区内环境面貌和环境质量优良，年平均降水量在 680 毫米左右，山地面积占全区总面积的 23%，植被茂密，城市绿化覆盖率达到 44.46% 以上，人均拥有公共绿地面积达 22.8 平方米，居北京市首位❶。

6.2.1.5　人文环境具备优势

石景山区的人文历史至少可以追溯到战国时代。各种历史文化资源较为丰富，有 73 项重要文物古迹，其中区文物保护单位 1 项，市文物保护单位 7 项，国家文物保护单位 1 项❷。境内自然环境优美，文物古迹丰富。京西之山统称西山，人称"神京右臂"，古人说它是太行山山脉之首。西山不但有春梅绽雪，秋菊披霜，松生空谷，霞映澄塘，更有"三山八刹十二景"之称的八大处为其生辉。西山文化涵括名山大川、古镇名刹，独具神韵。八大处供奉着释迦牟尼佛牙舍利，是世界佛教界至高无上的珍宝；建于隋唐时期的证果寺、香界寺、灵光寺，在北京有较高的知名度；法海寺的明代壁画是中华文化的瑰宝，可与欧洲文艺复兴时期的壁画相媲美；法海寺及天台山慈善寺等古建筑群，成为著名的北京西山风景区的一部分；西部的模式口，有作家老舍笔下描述的京西"驼铃古道"风貌；几十

❶ 资料来源：http://www.bjsjs.gov.cn/index.html.
❷ 同上

123

万年前的冰川擦痕在科学史上也有着重要价值。

6.2.1.6　政策支持

石景山区 CRD 是典型的政府主导型的休闲娱乐区，是由政府强有力的政策环境带动的，政策因素是石景山区 CRD 发展的根本动因。

《北京城市总体规划（2004 年—2020 年)》提出把第三产业作为北京市的核心产业，保持北京市第三产业和服务业在全国的领先地位，把北京建设成为国内外旅游者首选之地和国际一流名城。只有诸如此类的具有积极引导和有力保障的政策不断出台，才能为城市文化休闲区的发展提供最优环境，以供其长期发展。在最新的北京市城区规划中，石景山区被定位为"城市功能拓展区"和"文化娱乐中心"，北京市积极支持石景山区从传统重工业区向现代化首都新城区全面转型。北京市在政治、经济、文化、人力资源等方面拥有其他城市无法比拟的资源，石景山区建设城市文化休闲娱乐区得到了北京市强有力的支撑。

6.2.2　石景山区 CRD 的发展劣势

6.2.2.1　石景山区第三产业和服务业发展水平不高

由于历史原因，石景山区过度依赖钢铁业，作为第二产业的工业长期占据主导地位，1997 年至 2007 年的 10 年间，第三产业增速较快，年平均增速达到 26.8%，到 2012 年第三产业占整体产业结构的 62%，尽管如此，依然低于北京市平均水平❶，不利于文化休闲区的建设。2012 年，石景山区 237 家规模以上服务业企业累计实现收入 274.2 亿元，同比增长

---

❶　数字来源于《北京统计年鉴 2013》。

17.3%，从业人员平均人数 45397 人，同比增长 12%。传统服务业与现代服务业的博弈逐渐调整着石景山区第三产业的结构格局，以批发零售业为代表的传统服务业占第三产业营业收入的比重继续缩水，但仍然占据主导地位。从总体上看，服务业发展仍存在着总量不大、结构不优、水平不高、小规模企业多、市场竞争力不强以及现代服务业发展不充分、传统服务业提升不足等问题❶。

6.2.2.2　石景山区并不是一个领先的消费市场

石景山区年生产总值占北京市生产总值的比重一直在 3% ~ 4% 之间徘徊，2013 年，其社会零售品总额为 207 亿元，消费总量在全北京市各区县中仅列第十位，对外商业服务的功能并不明显，现代零售形式较少❷。石景山区全年城镇居民人均可支配收入为 38657 元，低于北京市平均水平 1.5 个百分点。城镇居民人均消费性支出为 22411 元，同比增长 9.2%，低于全市平均水平 0.1 个百分点（2013 年北京城镇居民人均消费支出 26275 元），石景山区要发展成为一个引领北京市消费潮流的先进的消费市场，还需要走很长的路。

6.2.2.3　空间结构和交通条件尚待改进

石景山区北部靠山、西面临水，在地理空间上对其与周边地区的联系造成自然阻隔。加上首钢主厂区 7.09 平方千米呈带状布置在永定河东岸以及区内大量铁路穿行，造成门头沟区、房山区与石景山区联系不畅，拉大了彼此之间交通的时间与空间距离；而且石景山区是北京市郊区县里面积最小的区，土地资源有限，这些都妨碍了区内 CRD 的建设。

---

❶ 资料来源：http://www.bjsjs.gov.cn/index.html.
❷ 同上

6.2.2.4　知名度高，美誉度差

人们对石景山区的认知主要来源于首钢。虽然石景山区有山有水，风景独特，但是由于首钢的存在，环境污染严重。石景山区的形象与首钢密切联系在一起，人们对石景山区"陈旧、工业、污染"的印象根深蒂固，加之八宝山的存在，美誉度差。

6.2.2.5　来自外区的激烈竞争

朝阳、海淀、西城等城区已先行一步，分别打造了商务中心区（CBD）、中关村、金融街等具有全国影响力的重点功能区，原宣武、原崇文、丰台等区也顺应这一潮流，提出了打造国际传媒大道、龙潭湖体育公园、总部基地等宏伟计划。从商务功能来看，石景山区与朝阳区 CBD 的竞争中明显处于不利地位；从研发功能来看，石景山区的人才、科研院所等科技资源很难与海淀区相比；从休闲娱乐功能来看，虽然北京市城市总体规划里将石景山区定位为文化娱乐中心，但从实际发展来看，朝阳区以及其他郊区县也将对石景山区形成激烈的竞争压力，而且原崇文区也提出了大力发展休闲娱乐产业。与石景山区相邻的门头沟区，面临与石景山区相同的问题与困境。按照北京市城市功能定位的要求，资源型产业将逐步退出，门头沟区原有的支柱产业如煤矿、水泥、石砖厂等资源开采型企业将被全民淘汰，门头沟区因此步入产业调整时期，提出把旅游业作为主导产业，努力建立休闲区。

6.3　北京市 CRD 规划实施的关键点——首钢搬迁

北京市对 CRD 的未来规划了一幅美丽的蓝图，笔者认为其规划实施的

关键在于解决好两个重要问题，一是首钢的搬迁问题，二是发展核心的休闲娱乐产业，尤其是旅游业，培养新的经济增长点。建设 CRD 的首要问题是解决首钢搬迁后，石景山区面临的经济和社会变化问题。首钢搬迁是 CRD 启动的起因之一，搬迁后的产业规划直接影响 CRD 的建设成败。

6.3.1　首钢搬迁的影响

6.3.1.1　首钢简介

首钢地处北京市石景山区，在北京"两轴、两带、多中心"的城市空间结构中，首钢工业区处于西部发展带和东西文化轴相交的节点地位。首钢始建于 1919 年。解放后特别是改革开放以来获得了巨大发展，1994 年钢产量达到 824 万吨，列当年全国第一位，并成为以钢铁业为主，兼营采矿、机械、电子、建筑、房地产、服务业、海外贸易等跨行业、跨地区、跨所有制、跨国经营的大型企业集团。2005 年资产总额 580 亿元，销售收入 806 亿元，实现利润水平 33 亿元，有职工 10.2 万人。

作为北京市最大的国有企业和全国十大钢铁企业之一，首钢在北京市和石景山区的经济社会发展中具有举足轻重的战略地位。近年来，随着北京市社会经济的高速发展，北京正逐步朝着国际化大都市的目标前进。2005 年，国务院通过了《北京城市总体规划（2004 年—2020 年）》，明确北京发展的四大目标为：国家首都、国际城市、文化名城、宜居城市，要将北京建设为特色明显的政治、文化中心，其中规定了首都经济应以现代服务业、高新技术产业和现代制造业为核心。北京市面临着产业结构调整，而首钢的存在不利于北京未来的发展。

首先，由于首钢的存在，北京市城市西部的石景山、门头沟行政区的用地布局在不同程度上受到了影响。石景山区是围绕着首钢发展形成的行政区，首钢占用了区内的大片生产用地，使石景山区的发展空间有限。

其次，首钢制约了区域社会经济的发展。石景山区作为北京传统重工业区，第二第三产业长期维持在7∶3左右的比例，产业结构不合理的矛盾十分突出。首钢作为驻区大型工业企业，截至2013年，其工业增加值基本维持在100亿元左右，占地区生产总值的50%左右；现价工业总产值基本维持在500亿元左右，占全区现价工业总产值的83%左右；入区库税收基本维持在4.8亿元左右，占全区财政收入的48%左右。

石景山区由于产业结构不合理，第二产业在区域经济中占主导地位，造成财政收入的结构性失衡（流转税以增值税为主）。2011年，石景山区财政收入占地区生产总值的比例长期维持在5%左右，年均增速为8%；北京市财政收入占地区生产总值的比例平均为15%，年均增速为22.47%，18区县年均增幅为15.84%，城内8区县年均增幅为18.69%，远郊10区县年均增幅为13.55%。由此可见，石景山区财政收入平均增幅远低于北京市及其他区县的平均水平。作为北京重要城区的石景山区经济发展缓慢，不利于北京市整体产业结构调整，不利于北京市发展成现代化的国际大都市。

最后，良好的城市生态环境是北京市建设成世界城市、宜居城市的前提条件，这些都对环境保护提出了更高的要求。作为传统的重工业，首钢的钢铁生产产生了大量的污染物。有数据显示，2004年，北京市空气质量二级和好于二级的天数占全年天数比例达到了62.5%，而首钢所在的石景山区全年二级和好于二级的天数仅占全年天数的50.4%，在全市排倒数之列。虽然首钢多年来加强环境治理，取得了很大成绩，但是北京地区自然形成的大气污染本底值很高，环境容量非常有限，首都的特殊地位不适合继续发展钢铁冶炼工业。所以2005年2月，国家发改委代表国务院正式批复，同意首钢实施搬迁、结构调整和环境治理。规模巨大的首钢整体搬迁，将有利于北京建设宜居城市，促进城市总体规划的实现。

6.3.1.2　首钢搬迁的意义重大

首先，有利于落实北京市的城市总体规划，优化了城市资源的配置。北京市经济规划发展要坚持科学发展观，走科技含量高、资源消耗低、环境污染少、人力资源优势得到充分发挥的新型工业化道路，重点发展现代服务业、高新技术产业和现代制造业。首钢作为北京市的水、电、煤消耗大户，其搬迁调整工程的实施可极大地缓解北京的城市用水、供电、运输等资源紧缺的局面，将有限资源投入到人居环境建设和新型工业的产业升级中，适应首都经济社会转型中的跨越发展新要求，确保北京市城市总体发展规划的落实。

其次，有助于改善北京的环境质量，解决环境保护问题。钢铁业的搬迁相应地降低了北京市的污染程度，有助于提升北京的城市整体形象。

最后，首钢的搬迁还将优化北京西部的生态环境，促进北京市城区的协调发展，有利于缓解城市中心的交通拥堵压力。

首钢的搬迁对北京市区域经济的协调发展有重大的意义，特别是对石景山区经济社会可持续发展将会产生深远影响。

首先，首钢搬迁为重塑石景山区的形象创造了机会。石景山区的城市形象与首钢密切联系在一起，首钢的搬迁将为石景山区的环境治理创造契机，有利于改变它在人们心目中污染重、环境差的传统印象，从而对石景山区投资和居住环境的改善起到良性作用。

其次，首钢搬迁为石景山区产业升级和结构调整提供了巨大的潜力和空间。首钢搬迁将腾出近 7 平方公里的大片用地，石景山区可以利用发展高新技术产业、旅游娱乐业和现代服务业来实现产业升级。首钢搬迁遗留的数万名具有工业素养和技术基础的熟练劳动力，必将成为其发展新兴产业的重要人力资源。

但是，首钢的搬迁也为石景山区带来了很多不利影响：

首先，安置搬迁富余人员就业和产业结构转换的任务艰巨。首钢在职职工占石景山区从业人员总数的40%，搬迁产生的富余人员安置绝大部分还要由石景山区来承担，加大了区内的就业压力。

其次，首钢经济总量一直保持在石景山地区生产总值50%以上，它是石景山区的重要税源，首钢的搬迁减少了石景山区的财政收入，削弱了它的经济实力。

6.3.2 首钢搬迁后的产业规划

6.3.2.1 首钢搬迁后，石景山区面临的机遇和挑战

首钢搬迁，使石景山区面临着巨大的机遇与挑战，如何填补首钢搬迁后产业的"空心化"问题，成为发展北京CRD成功的关键。从国内外大型老工业区的改造经验可知，发展新经济是复兴地区经济的必由之路。石景山区已被北京市定位为"首都文化休闲娱乐区"，首钢原厂区的空间利用和产业发展应该符合北京市及石景山区发展定位的要求，即大力发展文化休闲娱乐业。同时，这也是CRD建设的环境要求。石景山区位于北京城的上风上水区域，是北京市西部发展带的重要组成部分，而且是距离北京市四功能区之一的生态涵养区最近的城区，其区域环境保护状况对北京市生态环境整体质量的提升有重要影响。文化、休闲、旅游、娱乐产业都是生态保型产业，符合绿色CRD的内涵。而且，休闲产业可以提供很多就业机会，从而可以安置首钢搬迁后的富余人员。首钢的搬迁释放出了宝贵的土地资源，形成首钢新区，新区范围为首钢搬迁调整地区，面积7.07平方千米，与周边石景山区、丰台区、门头沟区的部分地域共同构成协作发展区（总面积约22.3平方千米）。在现代都市里，空间是经济发展的土壤，石景山区需要抓住历史赋予的这个机会，认真规划和充分利用首钢搬迁来

调整地区的区位优势，建设北京市石景山区 CRD。

6.3.2.2　开发首钢工业文化旅游区

首钢所拥有的钢铁工业文化是北京市近现代文化中的特色组成部分，具有工业历史文化价值和建筑价值，客观上为开展工业旅游提供了必要的条件。工业旅游最早出现在欧美的一些早期工业化国家，20 世纪五六十年代兴起于英国并影响了整个欧洲的工业遗产保护运动，为工业旅游的发展奠定了社会基础。我们可以借鉴国外城市开展工业旅游的经验。

德国的鲁尔工业区是开发工业遗产旅游的一个著名例子。20 世纪 60 年代初，鲁尔区制造业的国际竞争力连续下降，导致工厂企业纷纷破产、倒闭或外迁。由此带来城市衰落、失业众多、污染严重等许多社会问题。如何对待和处理大量废弃的工矿、旧厂房和庞大的工业空置建筑与设施，成为鲁尔区不可回避的重要问题。当时有人认为，倒闭和废弃的厂房与工矿是经济衰退的标志，应当彻底清除，重新建立新城市和新产业；有人则主张将工业废弃地视为工业文化遗产，和旅游开发、区域振兴等相结合来进行战略性开发与整治。

在发展工业遗产旅游的思路主导下，亨利钢铁厂被改造成一个露天博物馆。旧铁路和旧火车车皮变成了当地社区儿童的艺术表演场地；蒂森钢铁公司成为以煤铁工业景观为背景的大型景观公园，旧贮气罐被改造成潜水训练池，墙体被改造成攀岩者乐园；一些仓库和厂房被改成迪厅和音乐厅，甚至连高雅的交响乐也曾以巨型钢铁冶炼炉为背景来进行别开生面的演出；焦炭厂吸引了众多艺术、创意和设计公司来此办公和开办展览；就连原本作为整个工业区废水污水排放管道的河道，也恢复成为了景观优美的生态流域。鲁尔区由此成为了享誉世界的工业遗址旅游城。从 1998 年开始，鲁尔区制定了一条区域性旅游规划，将全区主要的传统工业旅游景点整合为著名的"工业遗产旅游之路"，包含工业旅游景点、国家级博物馆和典型的工业城镇，以及利用废弃的工业设施改造而成的观光塔等，逐步形成了覆盖整个鲁尔区的25条专题游线。鲁尔区的工业旅游如同一部反映煤矿、炼焦工业发展的"教科书"，带领人们游历近200年的工业发展历史。2001年，联合国教科文组织将德国鲁尔区的埃森煤矿评为首例以近代工业为主题的世界文化遗产。

首钢地区自然环境与人文环境得天独厚，近百年的工业生产发展为北京西部的山水空间留下了多层次、多样化的城市景观。首钢的工业景观十分丰富，既有基元性景观（场地上废弃的工业建筑、构筑物、机械设备和与工业生产相关的运输仓储等设施），又有集落式景观（具有普遍意义的工业地段，如工业街道、工业文化长廊等），巨大的厂房、结构色彩鲜明的各类建筑物、高耸的烟囱、标志性的高炉、纵横交错的彩色架空管廊等，这一切瑰丽壮观的工业景观，矗立在郁郁葱葱的西山脚下，见证着北京百年来的工业文明。首钢丰厚的人文、物质资源是开展工业遗产旅游、工业旅游的绝佳胜地，首钢搬迁后遗留的厂房，可以改造成后现代剧场、博物馆、创意工场（可借鉴北京的"798"），成为北京文化休闲娱乐的重要基地。

6.4　北京市 CRD 规划实施的关键点
——发展休闲娱乐产业

休闲娱乐产业是一个有连带关系的产业组群，主要包括：（1）旅游业。旅游业的产业关联度很高，潜在的需求规模巨大，是21世纪最为重要的产业之一。（2）休闲体育产业。体育产业已成为许多国家国民经济的支柱产业，而且体育产业的特性符合休闲娱乐的精髓，近几年来北京市围绕奥运会的一系列投入，将极大地刺激经济的增长，提高城乡居民的收入，同时促进体育产业的发展。（3）文化娱乐业。文化休闲娱乐产业是包括影视业、音像制品业、艺术表演业等行业在内的，以满足人们休闲、娱乐等精神需求为主的大产业，娱乐作为一种休闲生活需要，对调节人们的日常生活发挥着重要作用。文化娱乐经济是大众商业文化的产物，最普及的娱乐形式是使用电视、电影、电脑、手机、游戏软件、CD、DVD、MP3 等，由新技术带动起来的这类娱乐项目创造着巨大的经济财富，正迅速成为新的全球经济增长的驱动轮。

6.4.1　建设北京市 CRD 应优先发展旅游业

旅游业是休闲娱乐产业中最基本的构成产业，积极发展旅游业对建设北京市 CRD 有重要的意义：旅游业是休闲产业群中最核心的产业，是北京 CRD 的主导产业，是 CRD 价值的体现；它不仅可以满足广大人民群众的旅游需要，而且可以通过旅游业大量回笼货币，促进市场的繁荣与稳定；它还可以为石景山区的建设积累资金，扩大内需，提供更多的劳动就业机会；它能够扩大区域间的合作乃至国际间的交流与合作关系，充分促进石景山区经济的发展。

6.4.2　石景山区旅游业的发展优势

根据经济学原理，在考虑经济发展战略时，有两条必须遵循的原则。一是在分析本地区经济的优势和劣势的基础上搞好经济布局，使其结构合理、比例恰当；二是量力而行原则。石景山区旅游业主要有以下几点发展优势。

（1）地理位置优越，交通网络畅通。石景山区位于北京市西部，距天安门 16 千米，城市道路网完整密集覆盖全区。城市快速路、主干道、次干

133

道四通八达，方便快捷。1 小时内可以到达北京所有区县。到北京国际机场 45 分钟，到北京西客站仅需 15 分钟。108、109 国道贯穿石景山区，进出北京城、连接外省市十分方便。

（2）石景山区总面积 84.38 平方千米，常住人口 63.9 万人，全区山地面积占总面积的 23％，城市绿化覆盖率为 50.3％，人均公共绿地面积达到 29.73 平方米，居北京市城区首位，是北京市城区中山林资源最丰富、绿化覆盖率最高、人均拥有公共绿地最多的新城区，是城市里的绿洲。环境优美，适于人们休闲度假。

（3）拥有现代娱乐场所优势：具有欧陆风情的现代化大型游乐场石景山游乐园是 4A 级旅游区（景点）；北京国际雕塑园、玉泉公园等精品公园融汇东西方雕塑艺术，是景观独特的主题公园。其丰富的娱乐场所在北京市娱乐业占有举足轻重的地位，在全国范围内也拥有一定名气。

（4）旅游资源较为丰富，具有一定开发价值，区内生态环境较好。石景山区文物景点资源丰富，其中部分具有较高的开发价值。石景山区历史悠久，文化灿烂，山川似锦，风光旖旎。有因藏有灵光寺的释迦牟尼"灵牙舍利"而闻名于世的佛教胜迹八大处，有珍藏着明代壁画艺术瑰宝的法海寺，虽然与十三陵、八达岭、故宫等国家级文物景点无法相比，但它拥有独特的文化内涵，可以与休闲旅游结合。再说古香道，自古以来达官贵人进香走西山，古香道两旁的古迹资源丰富且独具特色。据历史记载，明清时期达官贵人、文人墨客时常踏青西山，春季踏青、夏季乘凉、秋天观红叶、冬季赏雪景，特别是翠微山一带的文物古迹众多，而小西山风景区又是明清以来著名的风景地，周末两日游的前景非常广阔。同时，石景山区的主要景点（石景山游乐园、西山八大处、玉泉公园和首钢工业游）风格迥异，具有较强的辨识性，易于产生正的近邻效应。

表 6–2　石景山区主要旅游资源

类　　型	资　　源
山水风光	八大处风景区、永定河、西山、翠微山、天泰山
A 级以上的主要旅游区点	石景山游乐园（4A 级旅游景区）、八大处风景区（4A 级旅游景区）、首钢工业文化旅游区（3A 级旅游景区）
宗教圣地	八大处寺庙群（佛牙舍利塔）法海寺、藏经洞—孔雀洞、承恩寺等
奥运会及体育场馆	石景山区奥运纪念公园（老山郊野公园）、北京射击馆、老山山地自行车场、首钢篮球中心、石景山体育馆、老山自行车馆、北京射击场飞碟靶场、小轮车赛场
主题公园	石景山游乐园、梦幻世界室内主题乐园、北京国际雕塑园、世界旅游城市体验中心
工业文化	首钢工业文化旅游区
民俗民间文化	模式口、五里坨、老古城（清末、民国民居），石景山太平鼓和古城村"秉心圣会"、永定河传说、八大处传说（市级非物质文化遗产）
时尚娱乐和节事活动	北京石景山夏日嘉年华、北京石景山迎春庙会、光影文化—首钢灯光节、八大处中国园林茶文化节、北京重阳登高节
现代商业娱乐区	万达广场

6.4.3　石景山区旅游业的发展现状

6.4.3.1　营业收入持续快速增长

近年来，石景山区旅游业有了很大进步。旅游经济收入增长速度较快，2009 年至 2013 年间，石景山区旅游业营业收入以平均每年超过 10% 以上的幅度递增，由 15 亿元增加到 38.7 亿元，增加了 23.7 亿元。2013 年旅游市场实现综合总收入 38.7 亿元，同比增长 12.3%。简言之，石景山区旅游业的营业收入始终保持着快速增长的态势。

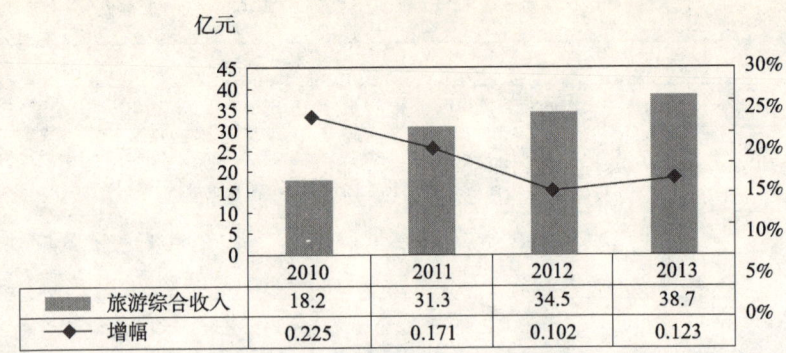

图 6-6　2010—2013 年石景山区旅游综合收入情况

6.4.3.2　接待人数稳定增长

2013 年，石景山区全年接待游客总人次达 892 万，比 2012 年稍有下降。近几年来，石景山区旅游业接待人数飞速增长，由 2009 年的 597.4 万人次飞跃到 2010 年的 934.7 万人次，2012 年更是创历史最高，达到 955 万人次，连续 4 年接近 1000 万人次。

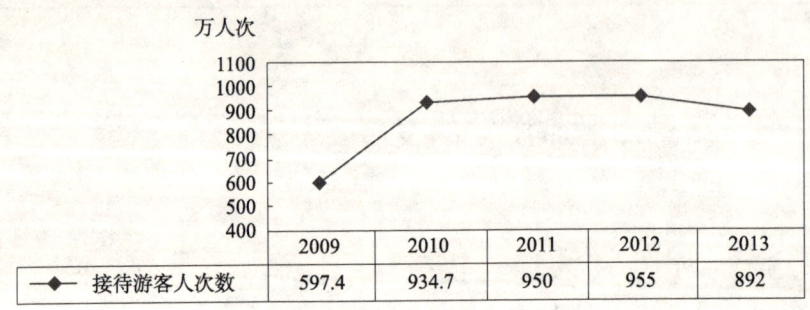

图 6-7　2009—2013 年石景山区接待游客人次数

6.4.3.3　旅游业增速位居全市前列

2013 年，石景山区旅游业实现营业收入 38.7 亿元，占全市旅游产业总收入的 1%，在全市 16 个区县中排名第十一；营业收入较上年增长

12.3%，超过全市 9.3% 的平均增速，增速在全市排名第二。从 2009 年至 2013 年，石景山区旅游综合收入的增长幅度一直居于全市前列，速度甚至超过了朝阳区和海淀区，具体情况见下表。

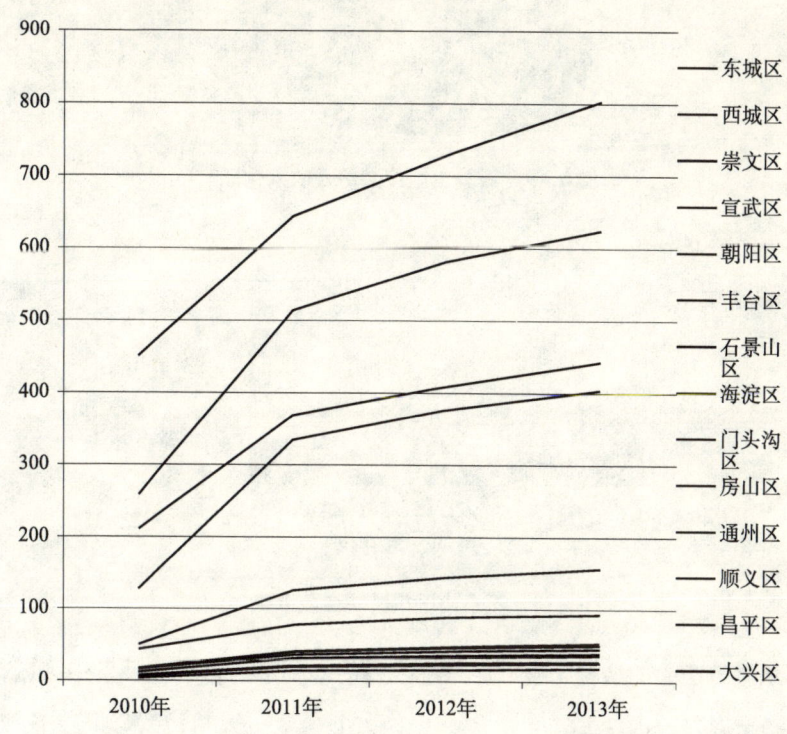

图 6－8　2010—2014 年北京市区县旅游业综合收入增长幅度对比表

6.4.3.4　五大行业引领石景山区旅游发展

按照旅游综合收入的来源，石景山区的旅游核心产品分主要分为五大类，即旅游商业、住宿业、旅游景点、旅行社和旅游餐饮。根据近两年的统计数据显示，在五类旅游产品中，对旅游综合总收入贡献力度最大的三类产品分别是旅游商业、住宿业以及旅游景点。2012 年旅游商业的收入为 20 亿，占旅游综合收入的 50% 以上，同年来自住宿的收入为 4.6 亿，来自旅游景点的收入为 2.7 亿；2013 年旅游商业的收入为 22 亿元。具体构成情况如下图所示。

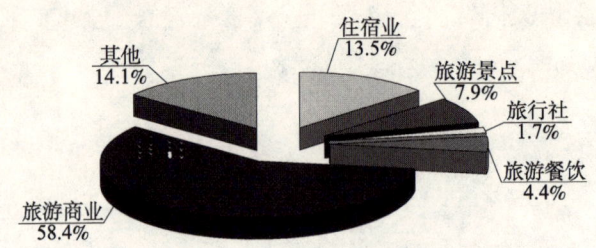

图6-9　石景山区旅游综合收入构成❶

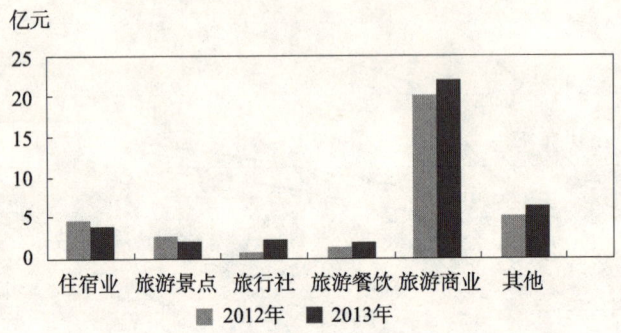

图6-10　石景山区旅游综合收入来源增幅

从旅游产品的增幅来看，旅行社收入的增幅最为显著。石景山区旅行社不断做大做强，积极丰富个人出行线路旅游产品，旅行社规模和实力不断扩充，特别是首钢国旅改制为国际社之后，业务范围不断拓展，带动旅行社收入大幅增长。2013年，来自旅行社的收入达2.3亿元，比2012年增加3倍。旅游商业的长势也十分突出，近几年一直保持着平均10%的增长速度。

6.4.4　石景山区旅游业存在的问题

从产业角度看，石景山区还没有成为真正的旅游强区。原因如下：

---

❶　其他项是指旅游交通、邮政通信等收入。

6.4.4.1 旅游产值低

虽然近年来石景山区旅游经营指标增长较快（如 2013 年旅游综合收入达到 38.7 亿元，接待人数 892 万人次），旅游营业收入占全区 GDP 比值逐渐攀升（从 2002 年的比值 4.45%，经过 10 年的精心经营增长为 10.5%），超过了北京市平均水平（2013 年北京全市旅游收入占 GDP 比重为 7.43%），但是旅游收入的总量较低，北京市 2013 年的旅游综合收入为 3963.2 亿元，石景山区对此只贡献了 1%。

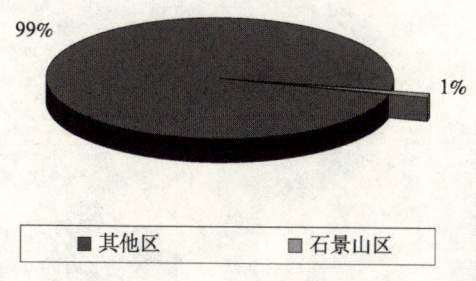

图 6-11 石景山区旅游收入与北京市旅游收入的比较收益率

6.4.4.2 与北京市同行业比较，旅游产业规模小，不具备领先地位

由于石景山区地处北京市中心城区，隶属城六区之列，因此首先需要与城市职能更为相近的城六区进行对比。仅以 2013 年的最新统计数据为例，石景山区的旅游收入为 38.7 亿元，屈居末位，只占北京市 2013 年整体旅游收入（按照 18 个区域计算）2908.3 亿元的 1.3%，是位居第一的朝阳区旅游收入的 1/20。

石景山区虽然也拥有自然风景观光资源，但是在旅游资源上与近远郊区相比还是处于劣势地位，旅游收入仍不占先。眼下，多个区县提出把旅游产业作为区域主导产业，石景山区面临极大的挑战。

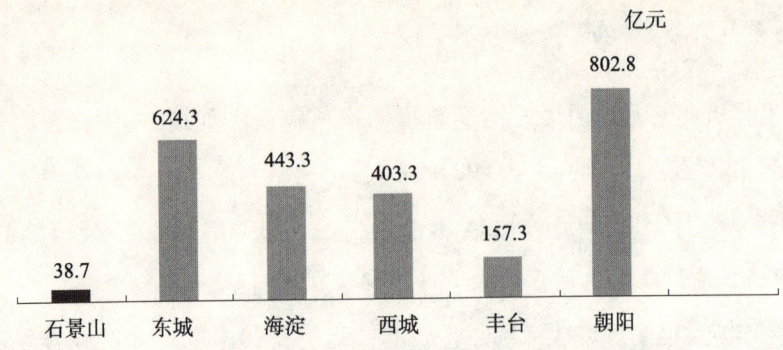

图 6 – 12　2013 年石景山区与其他城六区旅游收入对比

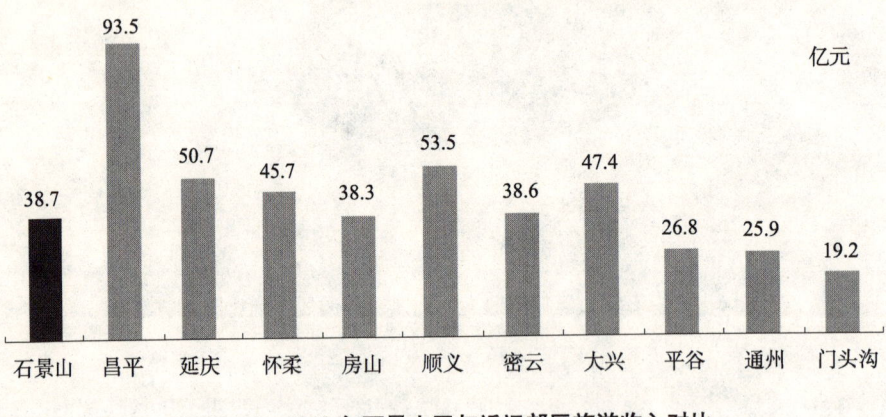

图 6 – 13　2013 年石景山区与近远郊区旅游收入对比

6.4.4.3　旅游收入细分市场结构不合理，旅游企业数量和规模较小

旅游产业目前的统计口径主要是带来旅游直接收入的住宿类企业、旅行社和旅游景点，这三大类是旅游业的特征产业，是衡量一个地区旅游产业发达与否的标志。石景山区旅游产业的发展有一个独特现象，就是旅游商业的收入历年来都占到旅游综合收入的 50% 以上，对全区旅游收入的增加起到了决定性的拉动作用，比较而言，其他旅游行业的增长相对缓慢。造成这一现象的原因，是石景山区旅游业的特征产业住宿、旅行社和旅游

景点的发展相对落后，不够发达。按照旅游产业业界对旅游企业能力的资质认定，住宿业主要通过星级结构来划分；旅行社主要通过接待能力来划分；景区景点主要通过景区等级来划分。石景山区旅游企业在数量和规模上都比较小，产业能力有限。

6.4.4.4　星级宾馆饭店数量少，档次低

从住宿资源的数量上看，截至 2013 年，石景山区内有住宿接待单位118 家，其中星级饭店仅 5 家，占北京市总量的 0.8%；另外有 2 家在北京市旅游委没有评星，但是设施达到 4 星级标准的酒店。

表 6-3　石景山区旅游星级宾馆饭店统计表　　　（单位：家）

类型	五星级	四星级	三星级	二星级	一星级	合计
石景山区	0	1	2	1	1	5
北京市	65	134	206	175	11	591
所占比例	0%	0.7%	0.9	0.5%	9.0%	0.8%

资料来源：北京市旅游委。

2012 年石景山区住宿业实现收入 4.6 亿元，同比增长 6.3%；接待人数为 70.6 万人次，同比下降 37.6%。接待收入占北京市总收入的 1.5%。石景山区的住宿业主要集中在以铂尔曼大酒店、万商花园酒店、海航酒店、京燕饭店为代表的石景山区西长安街酒店群。从发展的角度分析，随着石景山区 CRD 的逐步开发与完善，其对高星级酒店的需求会进一步增加，而目前的星级酒店结构并不能满足旅游的发展。因此，石景山区酒店的星级结构需要进行调整。石景山区目前没有一座五星级高档酒店，在住宿业的产品结构上，石景山区还需要进一步优化，提高档次。

6.4.4.5　旅行社业务量小，接待能力弱

截至 2013 年，石景山区区内共有规模以上的旅行社 15 家，具有国际

接待能力的旅行社只有改制为国际社的首钢国旅 1 家，无论是营业收入还是接待人数都很弱，在全市处于较低水平。2013 年石景山区全年来自旅行社的营业收入为 2.3 亿元，占全市旅行社营业收入总额不足 0.5%；即使这样，2013 年石景山区旅行社的总收入也比 2012 年同比增长 3 倍。随着石景山区 CRD 的开发与建设，需要旅行社加强业务能力，进一步拓展旅游市场，引导越来越多的各地游客到石景山区旅游、休闲、度假。

6.4.4.6 旅游景点

截至 2013 年，石景山区共有旅游景点 8 处。在其结构组成中，AAAA 级景区 2 处（石景山游乐园、八大处风景区），AAA 级景区 1 处（首钢工业文化旅游区）。

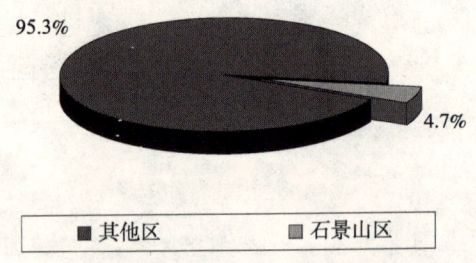

图 6－14 石景山区旅游景点与北京市旅游景点的比较收益率

石景山区旅游景点的接待人数处于较高水平，营业收入也比较乐观，在增量上也有较大的机会。在营业收入上，2012 年全年石景山区来自主要旅游景点（区）的营业收入为 2.7 亿元，占全北京市主要旅游景点（区）营业收入的 4.7%。石景山区景点的接待人次数一直占全区全年接待游客人次总数的 90% 以上，景区资源在未来是石景山区 CRD 最吸引旅游者的亮点。

总之，石景山区旅游业的发展现状并不乐观，旅游的基本要素和配套设施并不能满足旅游业的发展。因此，为了加速建设 CRD，石景山区旅游业必须充分挖掘旅游资源，利用高科技手段丰富旅游资源，另辟蹊径来创造新型旅游路线。

6.4.5　石景山区旅游业的发展机遇

当前石景山区发展旅游业面临两个良好机遇。一个是 2008 年奥运会的成功举办。奥运会的成功举办使北京名声大振，同时也对北京市的服务设施建设起到了一定的促进作用。石景山区设有 7 座奥运场馆，与奥运会相关的服务设施建设已经完善，而由此带来的商机无疑是巨大的。另一个是中国经济的高速发展和对外合作的不断加深。中国经济与世界经济紧密相连，而旅游业又是开放度最高的行业。越来越多的外资企业进驻北京，石景山区可利用自身"位置优越、环境良好、地价不高"的后发优势，大力吸引外资，拓展投资渠道，扩大旅游市场，推进旅游业发展的速度。

北京市将石景山区定位为休闲娱乐区，并加大对石景山政策上的扶持，投资改善其区域内的基础设施。目前，石景山区的旅游服务体系初具规模。较好的投资环境吸引了世界零售业巨头——沃尔玛落户石景山区。2011 年，占地总面积近 6.99 万平方米、建筑总面积 28.23 万平方米的万达广场落户石景山区，它是万达集团继成功开发 CBD 核心区内北京万达广场后的又一力作，是集购物、娱乐、休闲、运动、文化、酒店、餐饮于一体的大型城市商业综合体。项目建成后填补了石景山区本区域内的商业空白，大大地改善了区内购物环境，提高了石景山区的商业服务档次。黄庄职业高中、古城职业高中和石景山旅游培训中心的成立使旅游职业教育有了保障；旅游咨询服务中心自 2001 年年底设立以来，极大地提高了旅游信息的利用率。

此外，随着人们生活水平的提高，人们可支配的收入也在不断的积累，这为旅游业创造了良好的大环境。根据统计数据显示，北京市接待国内旅游和本市市民旅游的人数近几年来增速迅猛，游客（尤其是复游者）不仅对北京的文化古迹感兴趣，对北京的都市新风貌也很感兴趣。北京亟需开发新的旅游景区来满足本市及外埠游客的需求，石景山区 CRD 的建设就为北京市的旅游开发添加了新的色彩。

6.4.6　石景山区旅游业的发展措施

石景山区旅游业正处于机遇与挑战并存的关键时期，要想建成 CRD，必须先把石景山区建设成旅游业强区，在北京市旅游市场中占有牢不可破的一席之地。石景山区需要根据本地的旅游资源，充分利用旅游空间，大力发展优势旅游项目，创造名牌效应。"创造"是石景山区 CRD 成功的点睛之笔，只有"创造"才能激发石景山区的旅游产业。石景山区虽然有着自然与历史文化遗产，但是在北京的各城区当中，这份资源不是最丰厚的，尤其与东城区、西城区、海淀区、昌平区等相比，石景山区区域面积狭小，开发旅游资源的缺憾在所难免，这是历史原因形成的，只有发挥创造力，合理而充分地利用现有资源，自主开发独具特色、充满新鲜气息的旅游产品，才是石景山区旅游的制胜之道。

（1）加大对石景山游乐园的增建、改建工程。从 1986 年建园至今 30 年来，石景山游乐园从当时的游乐场已经逐步发展成为大型现代化主题公园和国家 AAAA 级旅游景区（点），积累了大量人气。目前拥有游艺项目 80 余项，并拥有高科技含量的具有国际水平的大型主题项目，如世界第一的大型水上主题项目——琼斯探险，世界第二的大型主题娱乐项目——4D 飞翔，亚洲第一的悬挂式过山车——神舟号过山车等，成为全国游乐行业中拥有游艺项目数量最多、过山车数量最多、经济效益最好的游乐园。石景山游乐园是石景山区的缴税大户，是继首钢后区内第一大企业。但是，随着欢乐谷的落成，石景山游乐园面临着巨大的威胁。石景山区要发展自

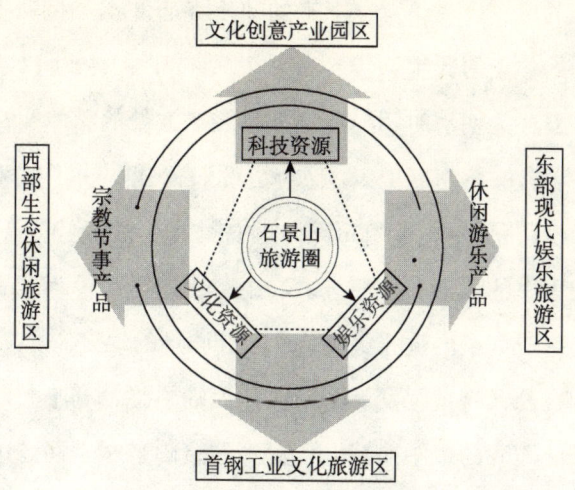

图 6 – 15　石景山区旅游圈的空间结构

已独特的优势，游乐园周边有北京雕塑园、首钢等旅游景观，可以对其进行联合开发，充分发挥优势。面对所有主题公园的淡季问题，石景山游乐园加大投资，兴建了北京市首家大型室内游乐场所。作为全亚洲最大的室内主题公园，梦幻世界的开放为石景山游乐园提供了一个新的契机。区政府应当对其进行大力宣传，抓住这个机会推出梦幻世界，带动整体影响，重返当年辉煌。

（2）开展宗教旅游。当今社会，人们越来越追求精神生活，宗教旅游方兴未艾。石景山区现有文物古迹 73 项，与佛教相关的有 14 处，其中 1 处为全国重点文物保护单位，5 处为市级文物保护单位，3 处仅存遗址。石景山区拥有 2 处独一无二的佛教珍宝。八大处公园（国家 AAAA 级景区）是一座历史悠久、风景宜人的佛教寺庙园林，位于北京市西山风景区南麓，由三山环抱，因保存完好的 8 座古刹而得名，又以自然天成的"十二景"闻名遐迩，古人即赞曰"三山如华屋，八刹如屋中古董，十二景则如屋外花园"，又有云"香山之美在于人工，八大处之美在于天然，其天然之美又有过于西山诸胜"。三山之中从隋唐至明清时期修建的 20 多座寺庙，历经几百上千年的风霜雨雪，留存下来的 8 座寺庙基本保持完整。建寺最早的是证果寺，始建于唐天宝八年（公元 749 年），距今约 1260 年，历经多次重修，大多遗存为明清时期的建筑风格。八大处的深厚文化内涵中包含着佛教文化，现方丈院中有 1958 年所建佛牙舍利塔，塔中舍利阁内以纯金七宝塔供奉佛祖灵牙 1 颗。2000 年，中国佛教协会新建了玉佛殿和已故佛协会长赵朴初手书的"般若波罗蜜多心经"影壁。因佛牙舍利在世界上仅存 2 颗，灵光寺成为了全世界佛教僧众顶礼膜拜的地方。

敦煌壁画自公元 6 世纪发展至清代，连绵不绝，却唯独缺少有明一代的壁画，北京法海寺的壁画能够以其精湛的绘画艺术、高超的制作工艺和鲜明的时代特色弥补这一缺憾，尤为珍贵。法海寺壁画可与欧洲文艺复兴时期的壁画媲美，在世界同期壁画中占有重要地位。特别在壁画制作与保存技法上，欧洲 15 世纪的壁画后来多有不同程度的脱落和剥裂，而法海寺壁画的画面基本完好如初。

（3）增加旅游的文化内涵，举办具有民族特色的节庆活动。节庆活动可以成为一个地区的旅游主题和旅游之魂，节庆活动对举办地旅游业的强大拉动作用已人所共知。近几年来，石景山区每年都举办大大小小不同规模、不同主题、不同层次的节庆活动，如"新春文化庙会""迎春洋庙会""中国园林茶文化节""玉兰文化节""春在石景山""首届北京 CRD 国际啤酒节""首届台湾美食文化节""第三届国际动漫游戏博览会""全北京向西看——第二届北京 CRD 刷卡节""重阳登高节""春之韵游园活动""2012 光影文化季暨首钢灯光节""新春祈福庙会""工艺美术非遗嘉年华""北京狂欢之夏""欢乐金秋""环球嘉年华""清凉一夏"等，名目繁多。这些节日带动了石景山区的旅游业，例如 2012 年春节期间，石景山区举办了多场庙会活动，在不足一个月的时间里，旅游景点接待游客 194.3 万人，实现收入 0.4 亿元，分别占全年旅游景点接待游客和收入的 22% 和 14.8%。虽然节庆活动为石景山区凝聚了人气，但是从长远角度考虑，石

146

景山区应该对节庆活动进行整合、提升工作，努力创建一个闻名全国的节日盛典。西方事件及事件旅游理论认为，从促进地方发展的效应来看，应当建立"从特殊事件到特殊地方"的机制（缪勒斯，2004），通过事件活动的举办推进旅游目的地的品牌化，这才是事件旅游发展的目标。因此，石景山区在已经取得成功的同时，应重点培育有持续效果、与众不同、无可替代的节庆活动（如首钢的灯光文化节、北京重阳登高节、洋庙会等），加大宣传力度，扩大投资，提升规格，提高声势，造成整个北京市的轰动效应，成为北京市乃至全国的一个品牌和亮点。活动内容不仅要符合现下的时尚热点，而且要引领时尚，推陈出新，宣传和展示北京市石景山区CRD 的"现代、绿色、文明"特色，成为休闲娱乐的重要载体，最终提高石景山区的美誉度和知名度。

6.5　休闲体育业

6.5.1　发展休闲体育业对建设 CRD 的重要意义

休闲娱乐是 CRD 产业未来发展的重要特征，而休闲体育产业作为休闲娱乐业的重要组成部分，在奥运会利好形势的带动下也迎来了快速发展的历史性机遇。体育产业是关联面极广的上游产业，是产值高、影响大的朝阳产业。体育活动除了依赖体育产业之外，还需依赖其他与体育产业相关联的产业，如旅游、保险、博彩等产业。体育旅游是人类社会文化的重要组成部分，它的发展与交通运输、餐饮服务等 20 多个相关产业的发展有着密不可分的联系。体育产业对经济和社会的发展有下述重要作用。

6.5.1.1 促进国民生产总值的增长

在发达国家，体育产业已成为国民经济的支柱产业。全球体育产业的总产值达5000亿美金，北美、西欧和日本等发达地区的体育产业和房地产业、零售业、健康保险业、交通业等行业一同被列为国民经济支柱产业，占据国民生产总值2%左右的份额。如1998年美国的体育产业产值为630亿美元，超过了石油化学工业（533亿美元）、汽车工业（531亿美元）等重要工业部门的产值，成为美国第22位的支柱性产业[1]。

6.5.1.2 带动地方经济发展，创造大量就业机会

在国外，体育产业对经济的贡献已经引起各国政府的高度重视。体育产业的联动功能很强，可以带动旅游、服务、金融、信息等一系列相关产业的发展；体育场馆的建设能迅速拉动内需，使建筑、制造等行业蓬勃发展。据澳大利亚的一份报告显示：当国民有规律进行体育旅游消费的人口增加10%时，可为社会增加5.9亿澳元的经济效益；增加40%时，则带来23.6亿澳元的经济效益[2]。休闲体育产业是以提供劳务服务为主、满足在休闲活动中体育健身需求的第三产业。它可以吸收多方面的劳动力就业。1995年，美国体育产业提供了230万个直接就业机会和521亿美元的收入，以及2332万个间接就业机会和750亿美元的家庭收入[3]。2011年，美国的体育相关产业对就业的直接与间接贡献占总量的11%。

---

[1] 资料来源：http：//www.cmo.com.cn/0711s/cyyj/cfk.htm.

[2] 资料来源：http：//www.davost.cn/html/xueshulilun/tiyulvyou/20060822/3028.html.

[3] 资料来源：http：//www.cmo.com.cn/0711s/cyyj/cfk.htm.

6.5.1.3　体育产业的发展有利于国家产业结构的调整

体育产业中除部分体育用品业属第二产业的制造业外，大多数属于第三产业。我国在现代化进程中将逐步调整产业结构，大力发展第三产业。体育产业的发展将有效地扩充我国第三产业的发展空间。有专家曾对北京奥运会带来的经济效益进行测算，认为其将为北京带来新增投资 1600 亿元，新增消费支出 880 亿元，将诞生 100 万个就业机会，拉动北京居民人均收入增长 6%，令第三产业比重提高 2 个百分点❶。

6.5.1.4　体育产业是刺激和拉动内需的经济部门

在过剩经济时代，国家经济发展必须实行刺激消费、鼓励消费的政策，开拓新的消费热点来扩大内需，以消费拉动国民经济增长，解决劳动力就业的问题。据有关资料报道，在过去的 20 年中，居民消费对经济的贡献率一直在 60% 左右，居民消费每增加 1%，可带动 GDP 增长约 0 5%❷。体育消费市场是一个庞大的市场。在现代社会，人们对于消遣娱乐的认识发生了许多变化。在工业发达的国家产生了有关游戏、娱乐、运动、消遣的理论，逐渐发展成为了一种公认的社会文化活动，也形成了一个收入甚丰的体育文化市场。

6.5.1.5　推动全民健身运动，改善生活方式，提高生活质量

体育产业是一种维护社会健康的重要产业，它对亚健康状态的人群有着特殊的意义，其所提供的健身运动、消遣娱乐是改善亚健康状态的一种最积极、最有效、最廉价的手段。现代生活方式强调生活质量，而生活质

---

❶ 资料来源：http://www.davost.cn/html/xueshulilun/tiyulvyou/20060822/3023.html.
❷ 资料来源：http://web.peopledaily.com.cn/199810/26/col_981026001089_jjzk.html.

量取决于经济、教育、环境和健康等要素。健康以及健康带来的长寿是人们获取良好生存机会的基本生命前提。体育产业能够引导家庭与个人进行科学、正当、积极的消费，抵制不良的生活方式，以提高生活质量。因此，体育产业的发展程度和体育消费的数量和比例，往往可以用来衡量社会与家庭的生活质量。

6.5.1.6　提高城市知名度

通过开发体育旅游资源，可以提高城市品位及知名度，从而吸引更多的外来投资。国际上许多地区、城市（如北京）因为一场体育盛会（如奥运会）而为人们所知。城市举办体育盛会，会在短时间内加快城市建设的步伐，并且融入体育文化、城市文化等，城市的品位、知名度也会在短时间内得到迅速提高。

6.5.2　石景山区休闲体育业的现状

6.5.2.1　体育场馆与设施

石景山区现有体育场地总数为 289 个，其中对外开放的体育场地面积约 100 万平方米。人均体育场地面积高于北京市平均水平。石景山区目前有综合体育设施 20 余个，按照大小和功能分为奥运场馆、大型健身中心、小型健身中心等。有 7 家奥运场馆（见表 6-4），175 处全民健身工程，50 家健身中心。石景山区是著名的登山健身场所，区内适宜登山健身的去处较多，有八大处、天泰山、翠微山、老山、石景山等。其中八大处不仅是著名的旅游景区，还是北京市主要的登山健身场所。就人均数量而言，石景山区的体育场馆基础设施在全市占有一定优势。

表6-4 石景山区西五环附近奥运会体育场馆分布表

名称	位置	建成时间	观众容量	建筑面积（平方米）^{2}	主要功能及设施
北京射击馆	石景山区福田寺甲3号	2008年	9000席	45645	奥运会射击项目的全部资格赛和决赛
老山自行车场	老山	2008年	—	—	奥运会山地自行车比赛
老山自行车馆	老山西麓,西临石景山区游乐园	2008年	6000席	32920	奥运会场地自行车比赛
老山小轮车场	老山	2008年	—	—	奥运会小轮车比赛
首钢篮球中心	阜石路159号,东临五环路	2001年	6000席和17套包厢	25000	突出篮球重点,CBA比赛场地。集多种体育项目于一体。在保证比赛、训练的前提下,尽可能多地利用场馆空间,开发体育、休闲、娱乐消费功能
石景山区体育馆	石景山区路32号	1989年	2800席	10031	2008年奥运会篮球训练馆,是一座综合性体育馆
石景山区体育场	石景山区路32号	1985年	10518席	6000	比赛场地7140平方米,设田径、足球比赛场,成功举办了第二十一届世界大学生运动会、1990年亚运会、全国男子足球甲级B组联赛、全国女子足球超级联赛、全国第七届运动会、北京市财政局运动会、全国税务总局运动会、航天部运动会等

注：此表来自中国国民党革命委员会石景山区工委关于石景山区休闲体育产业发展的调研报告。

6.5.2.2 产业规模小

石景山区体育产业发展虽快,但规模不大,与建设首都文化休闲娱乐区的标准还有差距。石景山区共有体育企业200余家,从业人员300余人。

2012 年石景山区体育产业总产值约 2 亿元，约占 GDP 的 0.6%。总体来看，体育规模不大，对石景山区经济发展的贡献率相对较低，不仅与美、日等发达国家的体育产业在 GDP 中的比重相比差距较大（发达国家为 1% ~3% 的水平，如美国 2012 年体育产业总产值为 4350 亿美元，占当年 GDP 的比重为 2.7%），只达到全中国的平均水平（2012 年我国体育及相关产业实现增加值 3135.95 亿元，占当年 GDP 的比重为 0.6%），而且与北京市体育产业在 GDP 中的比重相比，更有很大的距离（见下图）❶，远低于北京市 4.2% 的水平❷。

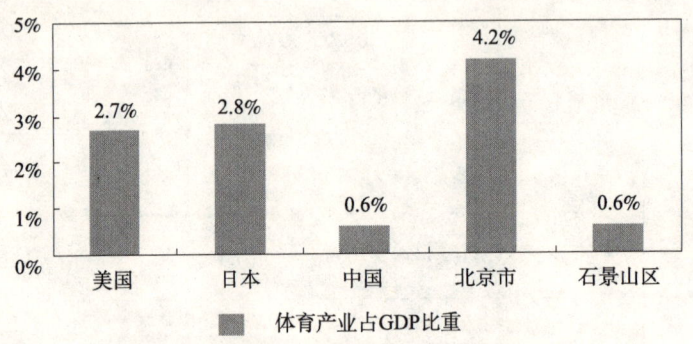

图 6 – 16　国家/地区体育产业发展形势比较

6.5.2.3　体育产业发展不合理

体育产业发展重点不突出，投资结构不合理，融入区域经济发展不够。一是体育产业发展重点不突出，体育用品业比重远远大于体育休闲产业和体育竞赛表演业；二是融入区域经济发展不够，根据国外经验，单一的体育产业很难独立存在，只有和区域产业产生互动，产业效益才能体现。因此，美、日等发达国家在关注体育产业自身发展的同时，更加注重

❶ 资料来源：http：//www.investsjs.gov.cn/leftPart/AnalysisReport/MessageInfo_ detail.asp？id.
❷ 资料来源：数据来源于《北京市统计年鉴 2012 年》。

发挥体育产业的辐射作用，带动区域内其他产业的发展。目前，石景山区体育产业发展与区域内相关产业之间的互动不够。

6.5.2.4　体育消费市场不够成熟

体育消费的市场氛围不够浓厚，尚未建立起针对不同体育消费人群的服务体系。而且消费人群多来自本区居民，消费水平低，根据石景山区抽调结果，月收入水平在 1000 元至 3000 元的中薪人群是石景山区休闲体育消费的重要力量❶。而且这部分人群年龄结构偏大、家庭负担较重，他们对距离、价格因素都很敏感。在休闲活动类型选择上，中薪人群更偏向参与性的健身活动，对观看体育赛事的兴趣不大。所以，体育经营企业大多以低消费人群为主体，以低层次经营项目为主，缺乏高档体育休闲娱乐场所，对消费者没有吸引力，与人们休闲体育的消费取向不符合。

6.5.2.5　产业没有成为区域形象品牌

尽管石景山区坐拥一半青山一半城的特色资源优势和区位优势，以及北京射击馆、老山自行车馆、老山山地自行车场等独特场馆资源，但由于对这些资源缺乏深度开发与整合，对外包装宣传也缺少有力的措施，因此区域的休闲体育服务能力无法跟上北京市居民日益提高的休闲需求。这两年，石景山区加大了体育投资的力度，虽然创造了一些休闲体育产业发展的亮点与特色，但是没有形成区域休闲体育产业发展的整体形象，这种状况不利于北京市 CRD 的形象塑造。

---

❶ 资料来源：http://yjs.bjsjs.gov.cn/zjgx/8a8481cb15d57d020115f4b5afb00113.html，关于石景山区休闲体育产业发展的调研报告。

6.5.3　石景山区休闲体育业发展优势及机遇

6.5.3.1　北京市体育消费市场潜力巨大

体育消费作为文化消费的一部分，目前在我国日渐兴起，体育彩票、体育广告、体育场馆经营等相关产业正处于发展阶段。以北京市为例，2008 年奥运会的成功举办带动了北京市的体育产业迅猛发展，居民的体育消费也呈增长态势。据北京市统计局社会科技处提供的有关资料显示，2012 年北京市体育健身休闲活动产值共 41.2 亿元，比 2011 年增加 14 亿。

6.5.3.2　奥运会的后期效益

北京奥运会的成功举办，带动了石景山区休闲体育产业基础设施的建设，体育场馆数量增多，仅 2004 年 1 月 1 日至 2005 年 11 月 30 日，石景山区体育场馆数量就增加了 80.8%，从 151 个增加到 273 个，体育场地总面积增加了 95.7%，常住人口人均体育场地面积增加了 87.2%❶。奥运会为石景山区体育产业建设注入了勃勃生机。北京奥运会中，有 29 枚金牌在石景山区产生；在石景山区举办的比赛项目、产生的金牌总数仅次于朝阳区和海淀区，列第三位。通过奥运赛事直播，石景山区的形象出现在全国乃至全世界面前。现在石景山区有 7 个奥运场馆，沿五环形成奥运场馆资源，成为仅次于朝阳区、海淀区的第三大奥运场馆群落，资源优势较为明显。奥运会期间有 30 万人次来石景山区观看比赛，提高了石景山区的知名度，塑造了石景山区的新形象，为其体育产业、旅游产业及相关行业提供了重要发展机遇❷。

---

❶ 资料来源：http://www.bjsjs.gov.cn/index.html.

❷ 资料来源：http://www.sjs.gov.cn/news/gjzx2006sjszkxcqjxw/sjsweekly/8624.shtml.

6.5.3.3　近年来，休闲娱乐产业增长迅速

以文体娱乐产业为代表，石景山区文体娱乐产业的增加值以高于地区 GDP 的增速增长，尤其是 2013 年更达到了 19.3% 的增长速度❶。具体数据见下表。

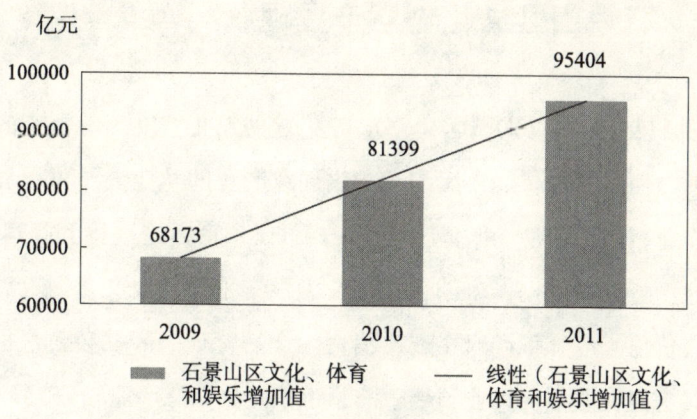

图 6-17　石景山区休闲体育产业增长比较表

总之，奥运会在北京的举办及北京市的产业结构调整，为建设西五环体育产业带提供了发展契机。奥运会之后，整个北京市的经济结构面临新的调整，除了 IT 业、制造业以外，服务业即第三产业的发展速度将有大幅度提升，其中文化、体育、创意产业将成为支柱产业。因此，石景山区应采取如下策略：明确定位，科学决策；产业发展要有强有力的协同推动机制，整合资源，统筹规划；激活体育竞赛表演市场；发展体育健身休闲产业，构建外向型体育健身服务体系；发展体育创意产业。

6.6 文化创意产业：重点发展数字娱乐产业

6.6.1 石景山区文化创意产业现状

20 世纪 90 年代以来，文化创意产业方兴未艾，以其所具有的强渗透力和辐射力而引人注目。在纽约，文化创意产业的从业人员占该城市全部工作人口总数的 12%，在伦敦为 14%，而在东京，这一比例高达 15%❶。文化创意产业是指以创作、创造、创新为根本手段，以文化内容和创意成果为核心价值，以知识产权实现或消费为交易特征，为社会公众提供文化体验的具有内在联系的行业集群。北京市把文化创意产业划分为 9 个大类，其中软件、网络及计算机服务约占 2013 年文化创意产业总产值的 40%。

截至 2012 年，石景山区文化创意企业共有 3700 家，规模以上企业 140 家，吸纳从业人员近 3 万人。2012 年全区文化创意企业实现收入 240 亿元，税收 10 亿元，产业增加值占地区 GDP 的比重超过 12%，带动石景山区第三产业增加值比重提升至 62%❷。其中，2012 年在石景山区注册的动漫游戏企业总产值达到 86 亿元，约占北京市动漫游戏产业总产值的 51.3%，网络游戏规模以上企业总产值约为 85.5 亿元，约占北京市游戏总产值的 54.8%，约占全国游戏总产值的 14.2%。

众所周知，文化创意产业的发展在一定程度上与区域的整体经济情况有着直接联系，创意产业已成为推动城市经济增长的重要新兴产业之一。不同地区文化创意产业发展的模式不可能完全一样，只有突出区域特色，

❶ 资料来源：http://whb.eastday.com/eastday/node9/node116/node1476/userobject1ai21526.html.

❷ 资料来源：http://www.bjsjs.gov.cn/index.html.

才能打造出优秀的文化品牌。为了建设北京市 CRD，石景山区应以文化创意产业中动漫数字娱乐业为突破口，重点培育这一新兴产业，因为数字娱乐产业的特点符合 CRD 发展的根本需要，对建成 CRD 起着重要的推动作用。其次，石景山区乃至首都西部地区蕴涵的深厚文化底蕴，都为石景山区发展文化创意类新兴产业（数字娱乐产业）提供了强大的动力与支撑。发展数字娱乐产业成为北京市西部转变经济增长方式、增强自主创新能力、促进经济社会可持续发展的适时之举。

6.6.2　数字娱乐产业

数字娱乐产业发源于欧美国家，是指运用数字与信息化技术对各类文化创意素材进行研发、加工、传输以及播放展示，使消费者获得愉悦与快乐体验的相关产业的总和。数字娱乐产业是科学技术、信息技术与文化创意产业相结合的产物，与数字娱乐产业相关的产业主要有文化产业、版权产业、数字内容产业等。

数字娱乐产业有以下特点：

第一，创新性强，对高科技的依存度高；

第二，增长快，对相关产业带动广，2004 年全球数字娱乐产业产值达 2228 亿美元，与游戏、动画业相关的周边衍生产品产值则在 5000 亿美元以上，成为全球经济最具活力、发展最快的新增长点；

第三，发展潜力大，市场前景广，英国的数字娱乐产业年产值占 GDP 的 7.9%，已成为该国第一大产业❶。

目前，我国数字娱乐产业正在以前所未有的速度迅速崛起。就城市区域而言，大力发展文化创造产业作为北京市市政府落实首都定位的重要举

---

❶ 资料来源：http://qnsx.cyol.com/content/2006-08/24/content_1489916.html.

措，被列入"十一五"规划纲要。在北京市的新规划中，有 6 个中心和 6 个基地，这 6 个基地基本上都跟数字内容有关。北京以其独有的文化和人才优势领衔中国游戏产业，并为完善游戏产业的结构和促进其发展起到决定性作用。

6.6.3 石景山区数字娱乐产业的发展优势、劣势及发展策略

为了推动北京市 CRD 的建设，2006 年 1 月，中关村科技园石景山园正式批准成立。北京市数字娱乐产业示范基地得到迅速发展。2010 年 10 月，北京市认定了首钢二通厂中国动漫游戏城为市级文化创意产业聚集区，这样石景山区就拥有了两个市级文化创意产业聚集区。而且这两个聚集区都是以网络游戏、影视动漫、数字新媒体等特色数字娱乐产业为主。

6.6.3.1 石景山区发展数字娱乐产业的优势

首先，北京是我国的政治文化中心，传统文化在北京获得了很好的发展和广泛的认知，北京市数字娱乐产业示范基地拥有得天独厚的资源、取之不尽的创意源泉，和不可被模仿、学习的优势。

其次，中国拥有世界上最大的潜在消费群。数字娱乐产业以创意为动力将各种文化资源与最新数字技术融合，建立了新的生产和消费方式，培育出新的消费人群。中国是世界上最大的游戏市场之一，拥有世界上最大的潜在消费群。目前，全球网民约 27 亿人，我国的上网用户数约占全球用户总数的 24%。我国网民人数和宽带上网人数均位居世界第一❶。

再次，环境优势。北京市数字娱乐产业示范基地东临帝阙，西濒浑

---

❶ 资料来源：http://www.zhihere.com/bbs/dispbbs.asp? boardid=20&id=878&star=1&page=3.

河，位于北京市城市功能定位中的绿色生态带和综合服务区，基础设施完善，交通便捷。独特的山水城市文化，可以激发从业人员无限的想象力。

最后，奥运会的机遇。2008 年奥运会在北京的成功举行，使石景山区拥有 7 个奥运场馆，无形中为其提供了体育、休闲和数字娱乐产业相结合的机会。其在奥运会期间所提供的服务，完善了数字娱乐产业的产业链，提高了服务的质量和水平，为基地产品推向世界奠定了良好的基础。

6.6.3.2　石景山区发展数字娱乐产业遇到的困难及发展策略

首先，国家整体市场环境不成熟，相关法规不健全；其次，产业发展迅速，同行竞争激烈；最后，产业基础薄弱，专业人才缺乏。多元化格局尚未形成，内资企业仍是绝对主力。

发展数字娱乐产业要拓展视野，借鉴经验，建立文化创意产业的政策支持体系；强化创新机制，健全金融服务机制；改善投资融资环境，加大招商引资、引企力度；加强高端人才的引进力度。尤其要突出区域特色，开发优秀文化品牌，提高技术含量。

为了更好服务于北京市 CRD 的建设，数字娱乐产业可以结合石景山区现有的产业，大力改造提升传统产业，使休闲娱乐区的功能更加突出。

——现代娱乐体验。以东部地区的石景山游乐园和国际雕塑园为载体，利用现代化信息手段改造传统游乐项目，将基于数字信息技术手段的娱乐品牌传播和实地现代娱乐技术体验相结合，增强科技休验感受，形成动感活跃的东部现代娱乐群。

——文化旅游。以西部八大处公园、生态旅游区开发为载体，借助数字石景山和数字京西文化旅游为平台信息化建设手段，提升京西旅游的品牌知名度，促进西部文化旅游资源开发建设，形成西部生态、休闲休验式的产业范围。

——体育休闲。以中国电子竞技运动发展中心为依托，以西五环休闲体育产业带为延伸，重点发展具有广泛参与性、观赏性和娱乐性较强的电子竞技及其他大众类、专业类休闲体育赛事举办、视频（包括网络、数字电视、卫星等多种手段）转播以及音像制作等相关产业。

总之，在北京市 CRD 的规划实施和发展过程中，要注意以下几方面：建立面向市场、强调效率的管理体制，实现制度创立，完善公司治理结构，进一步提高 CRD 区域内企业的科学管理水平；拓宽多元化投资渠道，加快旅游基础设施建设；突出资源特色优势，实现旅游产品多元化；加强对 CRD 的宣传，吸引旅游客源，做好市场营销工作；建立市场竞争机制，加强宏观管理，全面提高休闲娱乐业的服务质量；最重要的是坚持以人为本，建设一个充满人文主义的北京市 CRD。通过全面整合 CRD 地区的资本、信息、人力资源、营销等资源要素，并且加大对 CRD 的招商引资，从多种渠道和多方予以支持，把北京市 CRD 建设成为在功能层面和价值层面最具有城市文化内涵、最富有创意的供人们颐养精神的休闲娱乐新天地，完善北京的城市功能，推动北京早日成为"世界城市"。

6.7　总结与展望

本研究从完善城市功能和转变城市产业结构入手，在分析了北京市首都文化休闲娱乐区发展历程、发展现状、发展优势和劣势、现有的发展规划及对策等几个重点问题的基础上，对北京市文化休闲娱乐区的发展脉络、特点和未来的发展趋势有了比较清晰的认识，并得出以下几点结论。

（1）关于城市休闲娱乐区的概念。

基于北京市休闲娱乐区的发展现状并结合相关理论，本文作出如下定义：CRD（Capital Recreation District）（特别说明：此处 Capital 特指北京首都的意思，外延泛指一切城市）是城市功能发展到一定阶段的产物，是在城市中某一特定区域以文化休闲娱乐产业为主体，集中大量旅游、餐饮、娱乐、文化、高科技等服务机构，集聚城市一流休闲娱乐设施，满足城市居民以及外来游客开展休闲娱乐活动的需要的场所。

北京市 CRD 的大致范围界定为：石景山区全境，及相邻的门头沟区、海淀区部分地域。

（2）城市功能与城市休闲娱乐区的关系。

随着人类文明的发展和社会的进步，人们在提高物质生活水平的同时，越来越追求精神生活，城市作为人类最集中的聚集体，承担着越来越多的功能。经历工业化、后工业化浪潮的现代城市，城市的功能已不单单是经济中心，人们越来越重视开发城市的休闲功能。休闲已经成为都市人群最基本的消遣方式，是精神生活中不可缺少的重要组成部分。为满足人们的休闲需求，城市休闲娱乐区应运而生。在这一独特的区域内，文化、休闲、娱乐设施相对集中，文化休闲产业高度聚集，各类休闲活动成为经济活动得以运行的基本条件。城市休闲娱乐区代表着城市的文明与繁荣。

（3）城市产业结构调整与城市休闲娱乐区的关系。

人类开始进入工业化、后工业化社会，发达的大城市正逐步进行产业结构调整，以服务性的第三产业代替第二产业，城市休闲娱乐区内的产业符合这一潮流，许多国家把发展休闲娱乐旅游产业作为调整产业结构的政策。

（4）文章讨论了北京市 CRD 的发展背景、历程以及发展 CRD 的优势与劣势，并对 CRD 地区现有规划的实施提出了建设性的建议；分析了建设 CRD 对北京市成为"世界城市、宜居城市"的重要性，以及对 CRD 地区产业结构调整的决定性意义。同时指明，北京市在全国拥有不可复制的资源和条件，北京市提出建设首都文化休闲娱乐区，对全国各城市的休闲娱乐区建设有一定的示范作用。

（5）当然，在北京市 CRD 的建设过程，会出现各种各样的问题，如何贯彻以人为本的精神去规划 CRD，如何在发展经济与保护生态环境中取得平衡，如何正确引导人们追求高品质的休闲生活，如何抵制庸俗的娱乐活动，等等，由于篇幅有限，本文没有做过多的说明。

总之，成功的城市休闲娱乐区，在概念、功能、业态和价值方面会占据消费价值链的制高点。所以，在规划和发展 CRD 的进程中，要以人为本合理利用各种现有的资源，发挥创新精神，协调各种要素，构建出合理而充满生机的空间格局，在未来发展中能够更加适应人们的消费需要，使北京市 CRD 成为城市的新亮点。

需要指出的是，相对于纽约、伦敦、巴黎、东京等较为成熟的国际大都市和世界城市，对以世界城市为建设目标的北京而言，首都文化休闲娱乐区本身还存在一个不断变化的动态发展过程。本文尝试对首都文化休闲娱乐区的相关问题进行探讨，所提出的看法与见解有待于在今后的实践中进一步加以检验与修正。

参考文献

[1] 安虎森. 区域经济学通论 [M]. 北京：经济科学出版社，2004.

[2] 安虎森，邹旋. 区域经济学的发展及其趋势 [J]. 生产力研究，2004，01：180－186.

[3] 奥运会对经济产生的影响 [EB/OL]. http：//www. shangdu. gov. cn/typenews. asp? id＝145.

[4] 保继刚. 主题公园的发展及其影响研究——以深圳市为例 [D]. 中山大学，1995.

[5] 保继刚，古诗韵. 城市 RBD 初步研究 [J]. 规划师，1998 (4)：59－64.

[6] 保继刚，古诗韵. 广州城市游憩商业区（RBD）的形成与发展 [J]. 人文地理，2002 (5)：1－6.

[7] 北京联合大学. 北京市东城区旅游发展委员会《会议产业统计体系研究》[M]. 北京：知识产权出版社，2012.

[8] 北京联合大学. 北京学研究文集 [M]. 北京：北京日报报业集团同心出版社，2009.

[9] 卞显红，张树夫. 我国城市游憩商业区的开发与发展 [J]. 经济地理，2004 (2)：206－211.

[10] 卞显红. 城市旅游空间分析及其发展透视 [M]. 北京：中国物资出版社，2005.

[11] 陈秀山，张可云. 区域经济理论 [M]. 北京：商务印书馆，2003.

[12] 陈秀山. 中国区域经济问题研究 [M]. 北京：商务印书馆，2005.

[13] 陈红梅，王颖，方淑芬. 北京奥运会对举办城市影响的研究 [J]. 特区经济，2006 (6)：12－13.

[14] 陈瑛. 特大城市 CBD 系统的理论与实践 [M]. 上海：华东师范大学出版

社，2006．

[15] 方远平，闫小培．1990 年代以来我国沿海中心城市服务业特征与趋势比较研究 [J]．经济地理，2004（5）：614－619．

[16] 蒂芬·威廉姆斯．旅游休闲 [M]．杜靖川，曾萍，等，译．云南：云南大学出版社，2006．

[17] 丁辉，张梦佳．奥运会对举办城市规划影响的历史研究阶段 [J]．体育成人教育学刊，2008（4）：10－12．

[18] 扶国．盛世之后：走向可持续发展的奥运场馆建设 [J]．建筑师，2008（3）：42－46．

[19] 冯维波．城市游憩空间分析与整合研究 [D]．北京：科学出版社，2009．

[20] 郭鲁芳．休闲经济学——休闲消费的经济分析 [M]．浙江：浙江大学出版社，2005．

[21] 古诗韵，保继刚．广州城市游憩商业区（RBD）对城市发展的影响 [J]．地理科学，2002（04）：489－494．

[22] 国家旅游局．中国旅游统计年鉴 [J]．北京：中国旅游出版社，2004．

[23] 黄震方，侯国林．大城市商业游憩区形成机制研究 [J]．地理学与国土研究，2001（4）：44－47．

[24] 刘苏衡，张力民，李娟文．武汉市 RBD 形成及其对城市发展的影响 [J]．现代城市研究，2005（11）：62－65．

[25] 李保宁．奥运会对体育旅游产业的推动作用 [J]．旅游休闲，2006（6Z）：213－244．

[26] 李享．旅游调查研究的方法与实践 [M]．北京：中国旅游出版社，2005．

[27] 李思亮．后奥运环境下奥运举办城市对会展业发展的研究 [J]．理论界，2009（1）：67－68．

[28] 吕祯婷，焦华富．芜湖市城市游憩商业区的形成及其空间结构分析 [J]．世界地理研究，2010（03）：151－158．

[29] 马惠娣．走向人文关怀的休闲经济 [M]．北京：中国经济出版社，2004．

[30] 马惠娣．休闲——文化哲学层面的透视 [J]．自然辩证法研究，2000（1）：59－64．

[31] 马勇．区域旅游规划——理论．方法．案例 [M]．江苏：南开大学出版社，

2000 年.

［32］阿瑟·奥沙利文. 城市经济学［M］. 北京：中信出版社，2003.

［33］宁泽群. 旅游产业经济政策［M］. 北京：中国旅游出版社，2005.

［34］宁泽群，等. 基于休闲理念的北京旅游可持续发展研究［M］. 北京：中国旅游
出版社，2010.

［35］宁泽群，等. 中国休闲研究学术报告 2011［R］. 北京：旅游教育出版社，2012.

［36］孙久文. 区域经济规划［M］. 北京：商务印书馆，2004.

［37］孙久文. 现代区域经济学主要流派和区域经济学在中国的发展［J］. 经济问题，
2003（03）：2 - 4.

［38］陶伟，李丽梅. 城市游憩商业区系统 SRBD 的生长研究——以历史文化名城苏州
为例［J］. 旅游学刊，2003，03：43 - 48.

［39］王玲，斌史. 城市 RBD 的研究与发展［J］. 内蒙古农业大学学报（社会科学
版），2005，（7）：28 - 30.

［40］王雅林. 城市休闲——上海、天津、哈尔滨城市居民时间分配的考察［M］. 北
京：社会科学文献出版社，2003.

［41］王宁. 略论休闲经济［J］. 中山大学学报（社会科学版），2002（7）：53 - 55.

［42］王伟年，张平宇. 城市文化产业园区建设的区位因素分析［J］. 人文地理，2006
（01）：110 - 115.

［43］王伟年. 城市文化产业区位因素及地域组织研究［D］. 东北师范大学，2007.

［44］许杰兰，王亮. 基于消费者娱乐休闲行为的 RBD 建设方向探讨——以长沙市为
例［J］. 经济地理，2011（07）：1213 - 1218 + 1225.

［45］徐菊凤. 中国休闲度假旅游研究［M］. 辽宁：东北财经大学出版社，2008.

［46］魏小安. 中国休闲经济［M］. 北京：社会科学文献出版社，2005.

［47］吴郭泉，程道品，吴忠军，高元衡. 桂林城市 RBD 开发研究［J］. 城市问题，
2004（04）：33 - 35 + 39.

［48］吴必虎. 地方旅游开发与管理［M］. 北京：科学出版社，2000.

［49］夏林茂. 2013 年石景山统计年鉴［J］. 北京：中华书局，2013.

［50］夏林茂. 2012 年石景山统计年鉴［J］. 北京：中华书局，2012.

[51] 叶裕民. 中国城市化之路——经济支持与制度创新 [M]. 北京：商务印书馆，2005.

[52] 叶文，等. 城市休闲旅游理论. 案例 [M]. 江苏：南开大学出版社，2006.

[53] 于光远. 竞赛论 [M]. 北京：国际文化出版社，1995.

[54] 俞晟. 城市旅游与城市游憩学 [M]. 上海：华东师范大学出版社，2003.

[55] 俞晟，何善波. 城市游憩商业区（RBD）布局研究 [J]. 人文地理，2003（04）：10 – 15.

[56] 鄢慧丽，邓宏兵. 城市游憩商业区的环境和功能 [J]. 城市问题，2004，（1）：40 – 43.

[57] 邹统钎，彭海静. 奥运会的旅游效应分析：悉尼奥运会及雅典奥运会为例 [J]. 商业经济与管理，2005（4）：45 – 49，60.

[58] 张可云. 区域经济政策 [M]. 北京：商务印书馆，2005.

[59] 张建. 上海大都市游憩商业区的型态模式研究 [J]. 地域研究与开发，2005，24（3）：63 – 67.

[60] 张广瑞，魏小安等. 中国旅游发展：分析与预测 [M]. 北京：社会科学文献出版社，2002.

[61] 张立生. 城市 RBD 研究进展与展望 [J]. 安阳师范学院学报，2006（2）：104 – 107.

[62] 张立生. 中国城市 RBD 发展的驱动机制研究 [D]. 华东师范大学，2006.

[63] 张立生. 基于城乡和谐视角的城市 RBD 效应研究 [J]. 世界地理研究，2009（01）：136 – 142.

[64] 张军，桑祖南. CBD 与 RBD 的概念辨析及其功能的延伸 [J]. 旅游学刊，2006（12）：77 – 80.

[65] 张泉. 北京文化发展报告 2008—2009 [R]. 北京：社会科学文献出版社，2009.

[66] 张凌云. 西方文化（产业园）区利益相关方研究 [D]. 山东大学，2012.

[67] 张凌云. 文化产业园区有关理论问题重述 [J]. 东岳论丛，2011（08）：109 – 113.

[68] 朱熠，庄建琦. 古都西安城市游憩商业区（RBD）形成机制 [J]. 现代城市研究，2006（4）：53 – 58.

[69] ANTOINE LE BLANC. Cultural distries, a new strategy for regional development? The

south – east cultural district in sicily [J]. Regional Stuies, 2009.

[70] BRIAN BONIFACE, CHRIS COOPER. Worldwide destinations casebook: the geography of travel and tourism [M]. 4th ed.. Oxford: Elsevier Ltd, 2009.

[71] BURTENSHAW D., BATENMAN M., ASHWORTH G. J.. The european city [M]. London: David Fulton Publishers, 1991.

[72] CHARLES R. GOELDNER, J. R. BRENT RITCHIE. Tourism principles, practices, philosophies [M]. 11th ed.. New York: John & Wiley Inc, 2009.

[73] CHRIS RYAN. Recreational tourism: demand and impacts [M]. Clevedon: Channel View Publications, 2003.

[74] CHRISTOPHER R. EDGINTON, DEBRA J. JORDAN, DONALD G. DEGRAAF, SUSAN R. EDGINTON. Leisure ad Life Satisfaction: Foundational Perspectives [m]. 3rd ed.. New York: McGraw – Hill Companies, Inc. , 2002.

[75] DAVID J. TELFER, RICHARD SHARPLEY. Tourism and development in the developing world [M]. New York: Routledge, 2008.

[76] DAVID WEAVER, LAURA LAWTON. Tourism management [M]. 3rd ed.. Australia: John Wiley& Sons Australia Ltd. , 2007.

[77] GODBEY G.. Leisure and leisure services in the 21st Century: Toward Mid – Century. State College, Pa: Venture Publishing , 2005.

[78] GETZ D.. Planning for tourism business district [J]. Annals of Tourism Research, 1993, 20.

[79] J. CHRISTOPHER HOLLOWAY, CLAIRE HUMPHREY, ROB DAVIDSON. The business of tourism [M]. 8th ed.. New Jersey: Prentice Hall, 2009.

[80] LARRY DWYER, PETER FORSYTH. International handbook on the economics of tourism [M]. Massachusetts: Edward Elgar Publishing Limited, 2006.

[81] MARTIN MOWFORTH, IAN MUNT. Tourism and sustainability: development globalization and new tourism in the third world [M]. 3rd ed.. New York: Routledge, 2009.

[82] NEIL CARR. Leisure practices & tourism development [M] //Beijing International Tourism Symposium, 2006.

[83] PETER MASON. Tourism impacts, planning and management [M]. 2nd edition.. Oxford: Elsevier Ltd. , 2009.

[84] PAT SHAUMANN, CMP, CSEP, DMCP. The guide to successful destination management [M]. John Wiley & sons Inc. , 2005.

[85] ROBERT W. MCINTOSH, CHARLES R. GOELDNER , J. R. BRENT RITCHIE. Tourism principles, practices, philosophies [M]. John Wiley &Sons Inc. , 1997.

[86] RAYMOND THOMAS HIBBINS. Leisure practices and tourism developments [R]. Beijing International Tourism Symposium, 2006.

[87] SMITHS. L. J.. Dictionary of concepts' in recreation and leisure studies [M]. Greenwood Press, 1990.

[88] SHAW G. , WILLIAMS A. M.. Critical issues in tourism: a geographical perspective [M]. Blackwell Publishing Ltd. , 1994.

[89] STANSFIELD C. A, RICKERT J. E.. The recreational business district [J]. Journal of Leisure Research, 1970.

[90] STEPHEN J. PAGE. Transport and tourism [M]. 2nd ed.. Cambridge: Prentice Hall College Div, 2005.

[91] TAYOR V.. The recreational business district: a component of the east london urban morphology [J]. South African Geographer, 1975, 02.

后 记

　　本书是本人于北京联合大学旅游学院担任教师时，历经 2 年岁月辛苦完成的专著。这一研究选题始自我在人民大学读书时，经由导师陈秀山教授指导、修改而成的毕业论文。近几年里，这一选题一直萦绕在我心中。几年来，我一直关注北京市石景山区 CRD 的建设发展，并搜集了许多相关的资料，我认为这本以应用性为基础论调的论著，有一定的现实意义。

　　在本书即将出版之际，借此机会感谢我所在的单位北京联合大学（学术出版基金）资助此书出版；感谢自始至终支持本书出版的知识产权出版社蔡虹、刘雅溪老师。

　　在本书的写作过程中，我有幸得到了北京联合大学旅游学院旅游管理系宁泽群教授和同事朋友刘敏、荆艳峰老师的关心和帮助，对此我衷心地表示感谢。

　　最后我要感谢的是我的家人和朋友，是他们无私的奉献、关心与支持才使我得以安心完成此书，感谢他们对于我的理解、包容和鼓舞。

　　"路漫漫，其修远兮"，在今后的教学生涯中，我将积极进取，不辜负老师、朋友、亲人的教诲和期望。

郭 红

2014 年 7 月于北京